紹興大典

史部

雍正 山陰縣志

2

中華書局

山陰縣志卷第九

災祥志

〔補〕李文靖曰以四方水旱盜賊聞明乎災異之不可不畏也譬如一室之内犬無故而嗥雞無故而鳴主家者有不爲之恐懼耶故有民社之責者惟先災而知備遇災而知儆後災而知救斯有災而可以無害矣祥者多畧而不書非畧也亦所以遠諛爾

〔漢〕永建六年彗星出於斗牽牛是年有海賊艤舟寇

會稽

熹平元年十月熒惑入南斗斗爲吳越分是歲會稽許昭等聚衆自稱大將軍攻破郡縣

魏正始元年十月乙酉彗星見長二丈掃牽牛犯太白是歲越大喪

晉太康四年壬辰境內蟹化爲鼠食稻幾盡

義熙二年丁未地陷方四丈有聲如雷

三年戊申若耶山有五色雲見

太和元年六月火燒山陰倉米數百萬斛居民數

千家
三年造縣倉得二大船船内並實以錢鑿者
馳白官守暮遣人防守甚嚴旦發之船中竟
空惟錢跡而已
唐天寳三年乙酉山陰移風鄉產瑞瓜柳宗元因出
瑞瓜圖作頌曰臣某等今日内出浙東觀察使賈
全所進越州山陰縣移風鄉產瑞瓜二實同蔕圖
示百寮者寳祚維新嘉瑞來應式彰聖化克表天
心臣某等誠懽誠賀稽首頓首伏維皇帝陛下保

合太和緝熙黎庶馨香上達淳化旁竹嘉瓜發瑞
來自侯服質唯同蔕見車書之永均地則移風知
化育之方始雖七月而食爾土歌王業之難五色
稱珍東陵詠嘉瓜之會未聞感通若斯昭著者也
臣某等遭逢聖運親仰珍圖忻蹈之誠倍百恒品
無任慶悅之至

大曆二年水災

貞元二十一年夏鏡湖竭山崩

元和十二年水害稼

咸通元年乙卯夏六月有星隕境内光起丈餘狀
如蛇
梁大同三年歲星掩建星是年會稽山賊起
宋咸平二年竹生米如稻民採食之
景祐四年八月大水漂溺民居
政和五年十一月天寧寺瑞竹一竿七枝枝幹相
同其葉圓細生花紺實
宣和元年十一月大水災
紹興元年大饑疫冬大火

三年水害稼

五年五月水災

十八年大水

十九年大饑

二十年大水流民廬舍淹没者數百人

隆興元年八月大風水災

乾道四年七月大水

慶元三年九月水害稼

嘉定二年境内大水漂民居五萬餘家壞民田十

十萬餘畝

六年水災

九年大水没田廬害稼

十五年大水衝發徽嚴暴流與江濤合圮田

廬害稼

元元統元年癸酉境内自正月不雨至秋七月

至元二十年境内大疫

二十六年卧龍山裂

明洪武二十六年癸酉閏六月大風海潮漲溢漂流

廬舍居民伏屍蔽野

三十二年大水

景泰七年五月大水

天順四年四月大水

成化三年丁亥村落間李生桃實民訛言

九年癸巳板橋村徐堅家生一犢兩首兩尾

八足

十二年丙申芥生荷花是歲十二月蓬萊坊

馬氏生子四手

十三年丁酉春村落李樹生梔是歲隆興橋
范家店杏實開花四種夏六月大風海水溢
害稼福嚴夏瑄家庭中血濺地上高可二尺
廣二尋有司聞於朝遣官致祭南鎮以禳之
十七年癸卯民間訛言有黑眚自杭州至紹
閭里皆驚逾月而息
弘治十八年地大震
正德元年民間驚有怪物夜入人家爲妖彌月不
止其實旱魃也

三年大旱
七年七月颶風大作海水漲溢頃刻高數丈
許並海居民漂沒男女枕藉以死者萬計苗
穗淹溺歲大歉
十六年二月地震
嘉靖元年二月府署火東廊黃册庫儀仗庫俱燬
十月又火西廊燬
三年二月地震大歉斗米一錢四分
十八年夏四月有魚涸于海際數十餘民採

其肉啖之獲異物如黿狀不閱月大水衝發
嚴暴流于江濤合决堤灌于河倏入城高丈
餘並海居民淹沒伏屍蔽野
二十一年八月天裂有光如電
二十三年夏大旱湖盡涸爲赤地斗米二錢
二十五年春謝塢民家生一犢二首二尾八
足
三十一年春村落有血濺於地高數尺是年
倭兵入寇殺人以千計

三十三年十一月倭寇犯縣境我兵圍困於化人壇獲其渠魁百三十七人盡殺之是時倭寇由諸暨突入境內獲土人姚長子爲嚮導穿其胕以行長子乃紿之他往大呼鄉人曰某引賊入絕地我兵困之可悉就擒某死甘心矣後果困賊于化人壇壇四面皆水賊以是敗姚長子死之鄉人立祠于柯亭張侯祠旁祀之

三十九年二月地大震

四十一年夏天裂有光如電

四十二年卧龍山鳴

隆慶二年元旦晝大風室廬皆震是日縣災洨创

虎入郡城宿蕺山徙阴真觀道士曉開戶攫
傷之逐去千秋巷爲諸丐所斃
萬曆十二年甲申九月城隍下殿盡燬
十六年戊子大饑斗米三錢莩民載道
二十五年丁酉紹興府大堂盡燬
二十八年庚子大饑斗米二伯錢死者無算
二十九年辛丑正月十六日夜卧龍山上城
隍廟火起殿宇并星宿閣俱燬火光照耀滿
城如同白日

三十年壬寅七月二十三日海風大發巨浪直衝內地石梁漂去里許方沉倒壞民居淹溺者不可勝計

四十八年己未四月二十一日大雪是年駕崩天上龍見

天啓元年辛酉卧龍山發洪水

五年乙丑大旱

六年丙寅六月初一日東方五色雲見

崇禎元年戊辰七月二十三日午後大風雨海水大溢

衙內行舟沿海居民溺死者以萬計又次年八月

初九日大水較元年更增五寸許

九年丙子七月龍尾見觀者如堵十一月二

十六日戊時地震

十三年庚辰有蝗從西北來不雨者四月米

價騰貴

十四年辛巳至癸未年連年大旱又連年桃

李冬花正月大雪經旬米價每斗三錢五分

至十二日貧民爭入富家搶米有司力禁始

息十月辛卯朔日食既星斗盡見

十七年甲申野羊入城由偏門來

乙酉年六月太白晝見閏六月初八日夜有流星如月大小相隨光芒甚白不數日兵起

統萬曆至崇禎年間四十三都俞姓一家父子夫妻百歲父俞概百歲母鮑氏九十九歲子俞仕朝九十八歲婦韓氏一百四歲

大清順治三年丙戌六月初一日大兵破越前太白經天六月十一日星隕如雨又大旱自夏至

秋皆赤

四年丁亥生羊三足前二後一　豢于江橋張

神殿羊大且肥人不敢食

五年戊子山海多嘯聚名曰白頭兵焚掠各

鄉村不絶

七年庚寅大饑

十二年乙未大冰次年大旱

十六年巳亥虎至西郭門外山有虎亂計傷

百餘人

十八年辛丑六月天裂有光

康熙二年癸卯寶盆陳姓婦生四子微見鱗甲

五年丙午六月十五日夜半天裂有光

七年戊申六月十七日戌時地震又夏秋間

遍地生白毛狀似馬鬣長短不一

九年庚戌正月二十八日夜大雪忽有聲如

雷有光如電五六月大水低田禾盡壞七月

初二日雨雹十二月初三日大風連日冰凍

不通十四日起連雪十餘日雪高數尺

十年四月二十五日江橋火起延燒七十餘家同朝三狀元牌坊燬五月單港崖三十二皆四耳六七月大旱湖水盡涸

康熙十三年閩逆變亂煽惑浙地山寇先破暨邑海賊孤城盡被佔踞七月十三日賊衆數萬圍薄郡城兵不滿百士民驚恐郡守於弘勳同山陰知縣高登先率領闔城紳衿庶民登城堅守夜則各家門首燃燈照同白晝奸宄不敢竊發猶恐百姓驚惶遍城口傳慰諭十

五日督兵抵常禧五雲門外斬賊數百遂俱
逃遁十六日大兵接至弘勳獨挺身而請戢
兵息民安堵如故至今稱頌
十九年冬大雪浹旬積至丈餘山民難於出
入凍餓載道啼饑號寒本縣知縣范其鑄捐
俸施賑甦活窮黎又傳諭坊都共爲設法救
濟
二十一年夏霪雨兩月更兼海塘倒壞海水
冲入低田顆粒無收高田咸半幸外省商米

雲集價不騰貫知縣范其鑄詳請
題蠲災免本年正賦壹萬捌千餘兩民得蘇息庶免
枵腹
二十二年春雨連綿至八十日小麥全枯至
夏月瘟疫流行知縣范其鑄設醮祈禱民賴
以安

諸暨縣志　卷九　二

山陰縣志卷第十

田賦志上

戸口　征稅　糧則

志邑事而田賦獨詳者爲民計也別戸口列征稅紀糧則述貢額定徭役歷有成數我

國朝大約仍舊制而斟量其宜焉俾經國者守之損益惟中斯民亦永堅哉

補千金之家殖其田業以貽子孫必令佃者得所養而後租可無逋也今之殷戸即邑宰之佃也徒

知取之而不知所以養之欲租之不逋不可得矣故戶口雖繁財賦雖殷用其一緩其二而無藝弗征庶可長保斯民乎

戶口

宋大中祥符四年戶三萬二千一百七十一丁四萬三千八百六十二

嘉泰元年戶三萬六千六百五十二丁四萬六千二百二十七老幼殘疾不成丁一萬五千七百六十七

元 至元籍紹興路通共戶三十萬一百四十八口八
十五萬四千八百四十七
泰定籍紹興路通共戶二十二萬二千六百五十
七口五十四萬八千八百六十九

明 洪武二十四年戶五萬三千九百四十六口二十
萬四千五百三
永樂十年戶五萬三千九百四十六口二十萬四
千五百三
嘉靖十年戶二萬九千六百六十八口一十萬三

千四百三十二

嘉靖二十年戶二萬九千四十二口一十一萬五千一十一內計民戶二萬三千二百二十七軍戶一萬一百九十四匠戶五百六十一竈戶九百五十六

嘉靖四十年戶二萬九千一百一十二口一十一萬五千四百九內計民戶二萬三千五百四十二軍戶三千三百六十二竈戶一千六百六十四匠戶五百五十四

隆慶二年戶三萬三百六十四口一十二萬五千
六百七十
萬曆年間戶二萬九千一百四十二內民戶二萬
三千二百二十七軍戶三千五百三十二匠戶五
百五十八竈戶九百五十六官戶一百二十五生
員戶一百一十六力士校尉戶二十二陰陽戶九
弓兵鋪兵皂隸戶一百八十九水馬驛站壩夫戶
二百八十六僧戶二十六道戶二十五口一十一
萬五千四百九我

國朝原額戶口人丁三萬一千七百二十六丁口後
因市丁加增二丁實共人丁三萬一千七百二十
八丁口內市民人口三千八百四十三口鄉民人
口二萬二千五百六十一口竈戶人口五千三百
四十四口康熙六年清出人丁一百二千二口實
該人丁三萬一千八百五十口

征稅

漢唐以前無所攷矣錢氏治吳越時田稅畝三斗
宋太平興國中錢氏國除朝廷遣王方贄均稅令

畝出一斗詔從之以祥符中籍土田山蕩未得其詳嘉泰元年頗有稅額焉

明洪武二十四年官民田地山蕩池塘漊溜總一萬四千四百九十頃二十七畝二分三厘三絲一忽田五千八百二十四頃六十畝七分四厘二毫四絲九忽地八百四十五頃八畝五分七毫七絲三忽山七千七百八十五頃九十九畝三分一厘一毫八絲九忽蕩二十頃八十一畝八分二厘四毫池二頃二十八畝六分五厘五毫五絲塘一十頃四十七畝九分九厘八毫七絲漊一分九厘

夏稅麥一千七百九十石二斗四升六合八勺租鈔一千六百五十一貫八百八十七文幣帛絹一疋

秋糧米一十一萬二千五百八十二石租鈔二萬三千五十二貫五百八十九文官房賃鈔一百八貫四百三十文

農桑七千一百五十七株該絲二十三觔一十四兩每絲一觔二兩折絹一疋共折絹二十一疋

永樂十年官民田地山蕩池塘溇瀝一萬四千四百三十頃六十四畝田五千七百五十頃六畝八分四厘三毫地八百五十三頃六十一畝七分六厘四毫山七千七百八十三頃二十一畝七分一厘四毫蕩二十九頃五十二畝八分五厘四毫池二頃三十六畝八分五厘六毫塘一十一頃七十七畝九分七厘二毫五絲溇

五畝七分九厘五
[illegible][illegible]二分五厘

夏稅麥一千六百九十六石一斗九升六合三勺折細絲一百二十觔每觔准麥一石二斗該麥一百二十二石四斗本色麥一千五百七十三石七斗九升六合三勺鈔一千六百三十六貫八百九十七文

秋糧米一十萬二千六百二石九斗一升四合六勺折細絲二百七十八觔四兩每觔准米一石該米二百七十八石二斗五升本色米一十萬二千

三百二十四石六斗六升四合六勺租鈔二萬四千四百七十三貫四百一十二文官房賃鈔一千八十四貫八百八十三文

農桑七千一百五十七株該絲二十三觔十兩每絲一觔二兩折絹一疋總二十一疋

嘉靖四十年官民田地山蕩池塘溇瀝總一萬四千六百九十一頃五十二畝二分五厘五毫五絲秋糧米八萬二千七百六石五斗九升二勺租鈔二萬六千五百五十四貫八百四文賃鈔一千九

十六貫七百一十六文

農桑七千一百五十七株

課程鈔一千一十六錠二貫三百六十文

酒醋課鈔五百三十一錠一貫八百文

錢淸塲鹽課司每歲納價鹽五千六百四十六引

九十九觔八兩一錢

三江塲鹽課司每歲買納鹽九千五百八十一引

一百九十二觔六兩

漓渚稅課局每歲額辦商稅課鈔一萬二千六百

四十六錠二貫四百四十文

河泊所額辦魚課鈔三千六百三十錠六十文

鄉都人民戸口每年出辦鹽糧米八百三十石七斗二升隆慶二年分奉上司明文每石徵銀七錢解赴該學交納遇閏增米六十九石二斗二升七合

官吏市民戸口出辦鹽鈔三千三百五十二錠四貫鈔每貫徵銀一釐遇閏增銀二兩七錢九分四釐

每歲額徵油榨鈔四百八十五錠五百六十文

丁田額辦銀四百四十三兩七錢四分五釐二毫

一絲五忽五微六塵一漠三埃
坐辦銀一千八百七十七兩七錢四分九毫三絲
八忽一塵一渺三漠三埃
雜辦銀二百七十二兩二錢七分六厘七毫七絲
六忽三微二塵七渺八漠三埃
右三辦之銀每歲派徵里甲其額辦坐辦經數有定自初制至今無改也乃雜辦數繁而費不經坊都里甲歲輸支應供億煩苦而坊長之撮辦尤號偏重凡祀享賓燕之禮與公私餽給賦一時取盈

焉吏緣爲奸冒破無藝濫尤極矣嘉靖四十五年巡按御史龐尚鵬議均平里甲每歲約爲定費量槩縣之丁徵銀輸官坊都之長惟催辦公課甲首放歸于農其有蒸祀之費執事者領銀應辦而已止供之外無擾于私家損上裕下民得其惠奉請于朝通行兩浙

萬曆十三年爲清浮糧等事復令清丈原額田共六千二百一十七頃四十七畝二分七厘四毫內

鑑湖鄉田一千二百四十九頃八十四畝六分八

厘八毫中水鄉田二千九百一頃七十八畝四分
二厘九毫下則田三百五十二頃三十五畝三分
五厘三毫沿山鄉田二百三十九頃三十三畝四
分二厘四毫江北鄉田九百二十七頃一十七畝
三分一厘一毫天樂鄉田五百四十六頃四十畝
六厘九毫學田五十八畝
原額地共五百二十七頃五十七畝五分九厘七
毫内鑑湖鄉地三百三十八頃七十六畝五分九
厘九毫中山鄉地七十頃五十七畝一分三厘九

毫江北鄉地四十九頃九畝三分三厘三毫天樂鄉地六十九頃一十四畝五分二厘六毫
原額池共三十七頃四十三畝九分一厘八毫內鑑湖鄉池一十五頃九十四畝七分七厘四毫中山鄉池五十七畝四分六厘江北鄉池四頃六十四畝八分一厘三毫天樂鄉池一十五八頃二十六畝八分七厘一毫
原額山共七千七百七十九頃八十八畝六分九厘二毫

原額蕩五百九頃三畝九分五毫

原額竈戶沙田地共五十三頃二十一畝五分一厘六毫內中沙田三十六頃二十二畝一分三厘一毫江沙田一十頃一分三厘沙地六頃九十九畝二分五厘五毫我

國朝因之康熙三年爲清丈地畝以除積弊等事於康熙六年竣事達部丈數詳載於後

糧則

明初山陰田則一百十有六稅分官民湖蕩職學附

餘籍易混亂額屢易而稅不均嘉靖三十年知縣秦與何瑤履畝均稅分爲四鄉曰鑑湖鄉爲一則曰中水鄉爲一則曰沿山鄉爲一則曰江北鄉爲一則曰天樂鄉爲一則總五則而以北折稅輕科抵山鄉之甚瘠者於是四鄉之稅始均司稅者又貪緣爲弊民患之至隆慶元年知縣江寧楊家相立一條鞭法每歲揭榜示民執以輸納司稅者不能爲奸民尤便而德之郎中王畿有記又太僕卿張天復有記不盡載

國初制雖山無稅量畝征鈔而已其傜也以一頃准十畝計初籍七十七萬八千有奇歷歲滋久里胥爲奸豪右侵没籍繁數混蓋所没者幾半矣迨兵興餉急榷山計畝征稅當痌瘝而榷疲瘠民甚苦之隆慶元年知縣江寧楊家相遍履山藪核黠者所没令盡復其故尚缺額千九百有奇又核新墾地及田當其數遂取以給山餉及其鈔省初榷之餉十之八民頌而歌之郎中王畿有記 載舊志

入清依前制爲額而去其浮泒加增之例向自秋米

之外有南折一項葢因前朝以金陵建畿之地官有祿米戍有月糧凡州縣不通漕河者以其米解於金陵而折價取批所謂南折是也每畝約科米三升以斗則爲贏縮民甚苦之順治十一年甲午閩浙部院趙公錦題疏蠲免南折一項除焉

一鑑湖鄉田壹千貳百肆拾玖項捌拾肆畝陸分捌厘捌毫康熙陸年分丈出田伍項肆拾伍畝陸分陸厘捌毫玖絲　實該田壹千貳百伍拾伍項叁拾畝叁分伍厘陸毫玖絲　每畝徵銀壹錢叁

分叁厘貳毫該銀壹萬陸千柒百貳拾兩陸錢叁
分叁厘伍毫叁絲玖忽捌塵　每畝徵米叁升陸
合叁勺該米肆千伍百伍拾陸石柒斗伍升壹合
玖勺伍抄伍撮肆圭柒粟

一中水鄉田貳千玖百壹頃柒拾捌畝肆分貳厘
玖毫康熙陸年分丈出田貳拾玖頃貳拾畝伍分
肆厘壹毫　實該田貳千玖百叁拾頃玖拾捌畝
玖分柒厘　每畝徵銀壹錢壹分玖厘伍毫該銀
叁萬伍千貳拾伍兩叁錢貳分陸厘玖毫壹絲伍

忽　每畝徵米叁升壹合叁勺該米玖千壹百柒
拾叁石玖斗玖升柒合柒勺陸抄壹撮
一下則田叁百伍拾貳頃叁拾伍畝叁分伍厘叁
毫康熙陸年分丈缺田壹拾玖頃壹拾玖畝壹分
陸厘叁毫壹絲　實該田叁百叁拾叁頃壹拾陸
畝壹分捌厘玖毫玖絲　每畝徵銀壹錢壹分陸
厘柒毫該銀叁千捌百捌拾柒兩玖錢玖分玖厘
叁毫陸絲壹忽叁微叁塵　每畝徵米叁升該米
玖百玖拾玖石肆斗捌升伍合陸勺玖抄柒撮

一沿山鄉田貳百叁拾玖頃叁拾叁畝肆分貳厘肆毫康熙陸年分丈出田伍頃叁拾叁畝陸厘捌毫　實該田貳百肆拾肆頃陸拾陸畝肆分玖厘貳毫　每畝徵銀壹錢叁厘貳毫該銀貳千伍百貳拾肆兩玖錢肆分壹厘玖毫柒絲肆忽肆微每畝徵米壹升伍合該米叁百陸拾陸石玖斗玖升柒合叁勺捌抄

一江北鄉田玖百貳拾柒頃壹拾柒畝叁分壹厘壹毫　南至西小江塘北至海塘潮汐進時河水皆鹹難以溉灌頗云瘠薄且海塘係四都居民

晉脩滲漏康熙陸年分丈出田柒頃伍拾畝貳分貳厘玖毫貳絲　實該田玖百叁拾肆頃陸拾柒畝伍分肆厘貳絲　每畝徵銀玖分壹厘該銀捌千伍百伍兩伍錢肆分陸厘壹毫伍絲捌忽貳徵　每畝徵米貳升壹合伍勺該米貳千玖石伍斗伍升貳合壹勺壹抄肆撮叁圭

一天樂鄉田伍百肆拾陸頃肆拾畝陸厘玖毫康熙陸年分丈出田陸頃柒拾貳畝玖分伍厘肆毫肆絲　實該田伍百伍拾叁頃壹拾叁畝貳厘叁

毫肆絲　每畝徵銀陸分捌厘肆毫該銀叁千柒百捌拾叁兩肆錢壹分捌毫伍微陸塵　每畝徵米壹升貳合玖勺該米柒百壹拾叁石伍斗叁升捌合一撮捌圭陸粟

一學田伍拾捌畝　每畝徵銀肆分柒毫共徵銀貳兩叁錢陸分陸毫不徵米康熙六年分清丈照舊

一鑑湖鄉地叁百叁拾捌頃柒拾陸畝伍分玖厘玖毫康熙陸年分丈出地玖頃柒拾畝叁分叁厘

貳毫　實該地叁百肆拾捌頃肆拾陸畝玖分叁厘壹毫　每畝徵銀伍分伍厘陸毫該銀壹千玖百叁拾柒兩肆錢捌分玖厘叁毫陸絲叁忽陸微

一中山鄉地柒拾頃伍拾柒畝壹分叁厘玖毫康熙陸年分丈出地伍頃叁拾畝壹分伍厘捌毫實該地柒拾伍頃捌拾柒畝貳分玖厘柒毫　每畝徵銀伍分貳厘玖毫該銀肆伯壹兩叁錢陸分捌厘壹絲壹忽叁微

一江北鄉地肆拾玖頃玖畝叁分叁厘叁毫康熙

陸年分丈出地壹頃陸拾伍畝玖分叁厘肆毫
實該地伍拾頃柒拾伍畝貳分陸厘柒毫　每畝
徵銀肆分貳厘貳毫該銀貳百壹拾肆兩壹錢柒
分陸厘貳毫陸絲柒忽肆微
一天樂鄉地陸拾玖頃壹拾肆畝伍分貳厘陸毫
康熙陸年分丈出地壹拾貳頃叁拾柒畝貳分伍
厘陸毫　實該地捌拾壹頃伍拾壹畝柒分捌厘
壹毫　每畝徵銀貳分伍厘捌毫該銀貳百壹拾
兩叁錢壹分伍厘玖毫肆絲玖忽捌微

一鑑湖鄉池壹拾伍頃玖拾肆畝柒分柒厘肆毫
康熙陸年分丈出池伍頃貳拾壹畝叁分貳毫壹
絲陸忽貳微捌塵　實該池貳拾壹頃壹拾陸畝
柒厘陸毫壹絲陸忽貳微捌塵　每畝徵銀伍分
壹毫該銀壹百壹兩壹分伍厘肆毫壹絲伍忽柒
微陸塵

一中山鄉池伍拾柒畝肆分陸厘康熙陸年分丈
缺池捌畝壹分陸厘伍毫　實該池肆拾玖畝貳
分玖厘伍毫　每畝徵銀肆分玖厘肆毫該銀貳

兩肆錢叁分伍厘壹毫柒絲叁忽

一江北鄉池肆頃陸拾肆畝捌分壹厘叁毫康熙陸年分丈出池壹頃貳拾玖畝肆分陸厘伍毫陸絲　實該池伍頃玖拾肆畝貳分柒厘捌毫陸絲

每畝徵銀叁分柒厘玖毫該銀貳拾貳兩伍錢貳分叁厘壹毫伍絲捌忽玖微肆塵

一天樂鄉池壹拾陸頃貳拾陸畝捌分柒厘壹毫康熙陸年分丈出池肆頃伍拾捌畝壹分肆厘陸毫捌絲　實該池貳拾頃捌拾伍畝壹厘柒毫捌

絲　每畝徵銀貳分壹厘壹毫該銀肆拾叁兩玖錢玖分叁厘捌毫柒絲伍忽伍微捌塵

一山柒千柒百柒拾玖項捌拾捌畝陸分玖厘貳毫康熙陸年分丈出山伍拾捌項捌拾畝陸分肆厘壹毫　實該山柒千捌百叁拾捌項陸拾玖畝叁分叁厘叁毫　每畝徵銀肆厘伍毫該銀叁千伍百貳拾柒兩肆錢壹分壹厘玖毫玖絲捌忽伍微

一蕩伍百玖項叁畝玖分伍毫康熙陸年分丈出

蕩陸拾壹頃壹拾柒畝肆分叁厘伍毫　實該蕩伍百柒拾頃貳拾壹畝叁分肆厘　每畝徵銀捌厘伍毫該銀肆百捌拾肆兩陸錢捌分壹厘叁毫玖絲

一中沙田叁拾陸頃貳拾貳畝壹分叁厘壹毫康熙陸年分丈出田伍畝叁分柒厘柒毫　實該田叁拾陸頃貳拾柒畝伍分捌毫　每畝徵銀壹錢壹分伍厘捌毫該銀肆百貳拾兩陸分伍厘肆毫貳絲陸忽肆微

一江沙田壹拾頃壹分叁厘康熙陸年分丈出田伍頃壹拾貳畝肆分肆厘捌毫　實該田壹拾伍頃壹拾貳畝伍分柒厘捌毫　每畝徵銀壹錢陸厘捌毫該銀壹百陸拾壹兩伍錢肆分叁厘叁毫叁絲肆微

一沙地陸頃玖拾玖畝貳分伍厘伍毫康熙陸年分丈出地玖分捌厘柒毫　實該地柒頃貳分肆厘貳毫　每畝徵銀玖分肆厘壹毫該銀陸拾伍兩捌錢玖分貳厘柒毫柒絲貳忽貳微

一市民叁千捌百貳拾叁口原報增丁貳拾口康熙陸年分淸出市丁壹拾壹口　實該市民叁千捌百伍拾肆口每口徵銀壹錢肆分貳釐該銀伍百肆拾柒兩貳錢陸分捌釐

一鄉民貳萬貳千伍百陸拾壹口康熙陸年分淸出鄉民壹百壹拾壹口　實該鄉民貳萬貳千陸百柒拾貳口每口徵銀壹錢陸分該銀叁千陸百貳拾柒兩伍錢貳分每口徵米柒勺該米壹拾伍石捌斗柒升肆勺

一竈戶伍千叁百肆拾肆口每口徵銀玖釐該銀肆拾捌兩玖分陸釐每口徵米叁勺該米壹石陸斗叁合貳勺

康熙六年共丈出新增地丁銀陸百捌拾壹兩肆錢柒分零共丈出新增米捌拾陸石伍斗陸升零

康熙十年易知由单共田地山蕩竈戶田地人丁等項共徵銀捌萬貳千貳百柒拾壹兩貳分伍釐肆毫捌絲壹忽肆微伍塵除紳衿止免本身壹丁銀壹百捌拾貳兩壹錢叁分額徵銀捌萬貳千捌

拾捌兩捌錢玖分伍厘肆毫捌絲壹忽肆微伍塵
加收零積餘米改徵銀貳拾貳兩柒錢伍分伍厘
貳毫壹絲捌忽柒微孤貧口糧米改徵銀玖百玖
拾兩每額徵銀壹兩加徵顏料蠟茶新加銀陸毫
陸絲捌忽壹微貳塵肆渺貳漠叁埃肆纖實新加
銀共伍拾肆兩捌錢肆分伍厘伍毫捌絲肆微壹
塵柒渺伍漠　通共實徵銀捌萬叁千壹百伍拾
陸兩肆錢玖分陸厘貳毫捌絲伍微陸塵柒渺伍
漠

共徵米壹萬柒千捌百叁拾柒石柒斗玖升陸合伍勺玖撮陸圭叁粟除收零積餘米貳拾貳石柒斗伍升伍合貳勺壹抄捌撮柒圭　孤貧口糧米玖百玖拾石俱改米徵銀每米壹石減徵米伍升陸合柒勺柒抄伍撮捌圭貳粒捌黍玖粞肆糠叁粃改徵銀伍分陸厘柒毫柒絲伍忽捌微貳渺捌漠玖埃肆纖叁沙實徵米壹萬陸千捌百貳拾伍石肆升壹合貳勺玖抄玖圭叁粟

外賦不入地丁科徵銀壹百捌拾兩柒錢肆分貳

釐伍毫貳絲內　本縣課鈔銀肆兩捌錢伍分壹
釐貳絲　油車舖戶出辦歸經費用
匠班銀壹百柒拾伍兩捌錢玖分壹釐伍毫匠戶
出辦
以上地丁并外賦共徵銀捌萬叁千叁百叁拾柒
兩貳錢叁分捌釐捌毫伍微陸塵柒渺伍漠內
起運銀陸萬陸千肆百陸拾柒兩陸錢柒分玖毫
貳絲伍徵陸渺陸漠玖埃叁纖捌沙
鹽課銀壹千陸百玖拾伍兩陸錢捌分陸釐肆毫

陸絲陸忽陸塵柒渺貳漠肆埃壹纖貳沙
漕運銀柒千肆百叁拾伍兩壹錢壹分陸厘玖毫
伍絲叁忽玖微玖塵叁渺伍漠陸埃伍纖
驛站存留銀柒千柒百叁拾捌兩柒錢陸分肆厘
肆毫陸絲內除外賦課鈔抵經費銀肆兩捌錢伍
分壹厘貳絲徵錢肆千捌百伍十壹文貳厘丁課
鈔全徵錢支給外實該地丁內存留銀柒千柒百
叁拾叁兩玖錢壹分叁厘肆毫肆絲
奉文徵錢一件外局之爐座既復等事于康熙柒

年叁月初六日奉督撫二院案驗准戶部咨開存留
驛站經費俸工等項遵照定例收錢放錢各州縣
應照欵徵錢支放等因奉此遵照該徵錢柒百柒
拾叁萬叁千玖百壹拾叁文肆分肆厘每額徵銀
壹兩該錢玖拾肆文貳分壹厘叁毫捌絲捌忽
共該徵米壹萬陸千捌百貳拾伍石肆升壹合貳
勺玖抄玖圭叁粟內
漕運月糧米肆千貳百捌拾石肆斗肆升柒勺
存留米壹萬貳千五百肆拾肆石陸斗伍勺玖抄

玖圭叁粟

新增

康熙拾伍年爲酌計墾荒等事案內開墾田陞項

伍拾柒畝伍分貳厘壹毫

康熙拾陸年爲籌餉期于有濟等事案內清出田

壹拾肆畝柒分壹厘玖毫共田陸項柒拾貳畝

貳分肆厘內

天樂鄉田壹拾肆畝柒分壹厘玖毫每畝徵銀陸

分捌厘肆毫該銀壹兩陸厘柒毫柒絲玖忽陸

徵每畝徵米壹升貳合玖勺該米壹斗捌升玖
合捌勺柒抄伍撮壹圭
沙塗田叁頃貳拾壹畝陸分伍厘伍毫每畝徵銀
叁分伍毫該銀玖兩捌錢壹分肆毫柒絲柒忽
伍微
沙佃田壹頃柒拾肆畝伍分玖厘貳毫每畝徵銀
貳分柒厘伍毫該銀肆兩捌錢壹厘貳毫捌絲
沙稅田壹頃肆拾肆畝壹分壹厘陸毫每畝徵銀
叁分柒厘伍毫該銀伍兩肆錢肆厘叁毫伍絲

茅沙田壹拾柒畝壹分伍厘捌毫每畝徵銀叁分
柒厘該銀陸錢叁分肆厘捌毫肆絲陸忽
康熙拾伍年爲酌計墾荒等事案内開墾地柒項
肆拾陸畝叁分陸厘伍毫
康熙拾陸年爲籌餉期于有濟等事案内清出地
捌頃柒拾畝叁分伍厘肆毫共地壹拾陸頃壹
拾陸畝柒分壹厘玖毫内
中山鄉地叁頃陸拾肆畝叁分肆厘陸毫每畝徵
銀伍分貳厘玖毫該銀壹拾玖兩貳錢柒分叁

釐玖毫叁忽肆微

天樂鄉地伍頃陸畝捌毫每畝徵銀貳分伍釐捌毫該銀壹拾叁兩伍分伍釐陸忽肆微

沙塗地肆頃壹拾壹畝伍釐壹毫每畝徵銀貳分柒釐該銀壹拾壹兩玖分捌釐叁毫柒絲柒忽

沙佃地貳頃陸畝貳分肆釐伍毫每畝徵銀貳分貳釐伍毫該銀肆兩陸錢肆分伍毫壹絲貳忽伍微

沙稅地壹頃貳拾玖畝陸釐玖毫每畝徵銀貳分

伍厘該銀叁兩貳錢貳分陸厘柒毫貳絲伍忽

康熙拾陸年爲籌餉期于有濟等事案內清出山

捌項貳拾伍畝叁分每畝徵銀肆厘伍毫該銀

叁兩柒錢壹分叁厘捌毫伍絲

康熙拾陸年爲籌餉期于有濟等事案內清出蕩

叁項壹拾貳畝伍分壹厘每畝徵銀捌厘伍毫

該銀貳兩陸錢伍分陸厘叁毫叁絲伍忽

共徵銀柒拾玖兩叁錢貳分貳厘肆毫肆絲貳忽

肆徵

共徵米壹斗捌升玖合捌勺柒抄伍撮壹圭

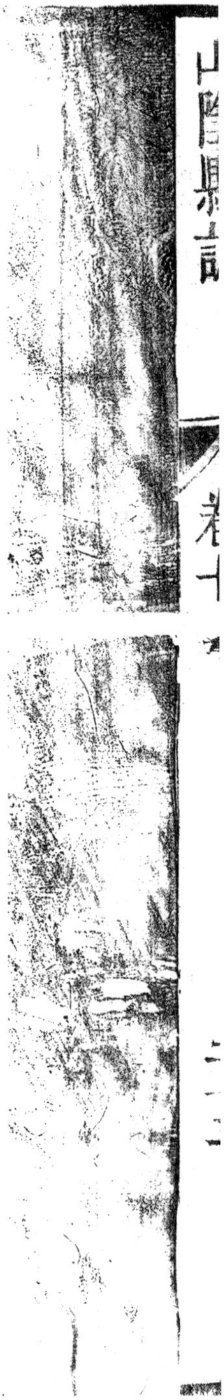

山陰縣志卷第十一

田賦志下

起運　存留　徵比　起解　貢額　徭役

起運

大清舊編各部寺本折正賦裁扣等銀共肆萬捌千肆百捌拾叁兩貳錢肆分玖釐零　滴珠鋪墊路費共銀叁百叁拾伍兩叁錢玖分捌釐零內

戶部項下　本色共銀肆拾伍兩柒錢伍分柒釐零鋪墊路費共銀捌兩伍錢伍分陸釐零

○顏料銀貳拾叁兩陸錢柒分肆釐零鋪墊銀伍兩柒錢壹分伍釐零○解損路費銀貳兩捌錢肆

分零○黃蠟銀壹拾伍兩肆錢壹厘零○芽茶銀陸兩陸錢捌分壹厘零○折色共銀壹萬捌千伍百叁拾貳兩陸錢柒分壹厘零○滴珠路費共銀貳伯叁拾兩柒錢肆分零○金花銀[illegible]千柒百肆拾貳兩玖錢柒分陸厘零○滴珠路費銀壹百貳拾捌兩陸分零○農桑折絹銀壹拾肆兩柒錢路費銀壹錢肆分柒厘○瓜剩米折銀陸百伍拾叁兩陸錢肆分壹厘零○路費銀柒兩[illegible]錢肆分叁厘零○折色蠟價銀叁百肆拾柒兩肆錢貳分陸厘路費銀叁兩肆錢柒分肆厘零○富戶銀貳拾肆兩路費銀貳錢肆分○昌平州銀肆兩路費銀肆分○芽茶銀柒兩伍錢陸分貳厘零路費銀柒分伍厘零○葉茶銀肆兩捌錢貳分柒厘零路費銀肆分捌厘零○黃蠟銀壹百兩叁錢叁分壹厘零路費銀壹兩叁厘零○江南藥價銀陸錢柒分壹厘零○津貼路費銀壹錢叁分肆厘零○朱直銀壹百肆拾壹兩陸錢路費銀壹兩肆錢壹分陸厘○顏料改折銀貳百肆拾伍兩陸錢伍分零路

費銀貳兩肆錢伍分陸厘零○鹽鈔銀壹拾陸兩柒錢陸分肆厘零路費銀貳錢壹厘零○九厘銀壹萬貳千貳百貳拾捌兩伍錢壹分玖厘零路費銀捌拾伍兩伍錢玖分玖厘零

禮部光祿寺項下

本色藥材料價銀伍兩陸分陸厘零凖貼路費銀貳兩伍錢叁分叁厘零○折色共銀壹百叁拾柒兩陸錢捌分零○路費共銀玖兩玖錢肆分柒厘零○牲口銀柒拾柒兩伍錢路費銀柒錢柒分伍厘○藥材銀壹拾柒兩肆錢玖分壹厘零凖貼路費銀捌兩柒錢肆分伍厘零○果品銀叁拾叁兩○集笋銀玖兩陸錢捌分捌厘零路費銀肆錢貳分陸厘零

工部項下

本色桐油銀壹拾伍兩玖錢玖厘零墊費銀伍拾叁兩伍錢捌分玖厘零○折色共銀叁千玖百壹拾壹兩貳錢玖分貳厘零○路費共銀壹拾兩玖錢伍分捌厘零○麂狐皮銀叁兩陸錢○匠役銀陸兩叁錢壹分叁厘零路費銀陸分叁厘零○桐油改折并墊費銀陸拾玖兩

肆錢玖分玖厘零路費銀陸錢玖分肆厘零○漆木銀柒兩捌錢玖厘零○牛角銀壹千貳拾兩路費銀壹拾兩貳錢○箭銀叁百玖兩○弦銀壹百柒拾兩叁錢○胖襖銀壹百玖拾柒兩伍錢叁分捌厘零○工料銀陸百柒拾兩○歲造段疋銀柒百捌拾伍兩捌錢柒分陸厘○軍器軍三并路費銀叁百貳拾叁兩肆錢伍分零○軍器民七銀叁百叁拾柒兩捌錢捌分柒厘零○軍器路費銀壹拾兩壹分捌厘零

舊編存留項內裁改解部充餉 共銀貳萬伍千捌百叁拾貳兩捌錢柒分壹厘零○路費共銀壹拾玖兩柒分叁厘零內捕盜 伍拾柒兩陸錢○行香銀玖兩○馬價銀壹千柒百伍拾肆兩壹厘零路費銀壹拾柒兩伍錢肆分零○府縣預備倉經費銀伍拾叁兩貳錢○如抵三江倉經費銀肆拾伍兩肆錢○府縣備用銀壹百柒拾伍兩伍錢○三江白洋黃家堰

鄉司弓兵銀叁拾柒兩貳錢○積餘銀陸拾兩玖錢柒分玖厘零○積餘米易銀貳拾貳兩柒錢伍分伍厘零○順治九年裁扣銀貳百捌拾柒兩陸錢○順治十二年裁扣銀玖拾捌兩○順治十四年裁減銀貳千肆百玖兩陸錢玖分伍厘○膳夫裁銀壹百貳拾兩○裁官經費銀壹百肆拾壹兩肆分○康熙元年新裁吏書工食銀肆百捌兩○康熙二年盡裁生員廩糧銀壹百伍拾貳兩○又裁倉庫學書工食銀貳拾陸兩肆錢○康熙三年裁教職銀壹百伍拾玖兩叁錢陸分○新增人丁銀貳兩捌錢肆分○優免充餉銀貳千玖拾柒兩壹錢陸分捌毫○學道歲考銀叁拾兩○里馬銀叁拾陸兩○漕運月糧三分撥還軍儲銀貳千伍百肆拾玖兩伍分柒厘零○南折銀叁千壹百壹拾肆兩貳分肆厘零○軍儲充餉銀壹萬壹千[illegible]百叁拾貳兩柒錢叁分捌厘零○會同館馬價銀[illegible]壹百伍拾叁兩叁錢貳分路費銀壹兩伍錢叁分[illegible]叁厘零○運司解部充餉完字號座船水手銀[illegible]

康熙十年起運本折正賦裁扣等銀共叁百柒拾肆兩柒錢捌分柒厘零　路費銀共壹兩肆錢叁厘零

戶部項下　折色共銀壹拾兩叁錢玖分柒厘零路費共銀壹錢陸厘零內　柴直銀玖兩路費銀玖分○鹽鈔銀壹兩叁錢玖分柒厘零路費銀壹分陸厘零

工部項下　折色共銀叁拾玖兩叁錢叁分柒厘零路費銀伍厘貳毫零○匠役銀伍錢貳分柒厘零路費銀伍厘貳毫零○歲造段疋銀叁拾捌兩捌錢壹分零

傳編存留項內裁改解部充餉　共銀叁百壹拾壹兩玖錢陸分捌厘零內　弓兵銀叁兩壹錢○順治九年裁扣銀貳拾貳兩叁錢○順治十四年裁減銀肆拾叁兩柒

錢○賸夫裁銀玖兩玖錢玖分玖厘零○裁官經費銀壹拾壹兩柒錢伍分叁厘零○康熙元年新裁吏書工食銀叁拾肆兩○又裁倉庫學書工食銀貳兩貳錢○康熙叁年裁教職銀壹拾兩貳錢柒分玖厘零○月糧叁分銀壹百柒拾肆兩陸錢叁分陸厘

運司解部充餉 完字號座舡水手銀壹錢陸分陸厘零○漁課銀壹拾貳兩玖錢壹分柒厘零路費銀壹兩貳錢玖分壹厘零

存留

大清舊編存留通共銀叁萬壹千捌百叁拾伍兩叁錢貳厘零 米共壹萬柒千柒百伍拾壹石貳斗陸升伍合零

本省額編兵餉內提出軍儲南折二欵彙列充餉外實該兵餉銀壹萬柒千貳百貳拾肆兩陸錢壹分伍厘零○田地山蕩銀伍千叁百壹拾肆兩壹錢捌厘零○黃備秋米折銀貳千陸百玖拾壹兩陸錢柒分柒厘零○均徭充餉銀肆百壹拾貳兩貳錢○民壯充餉銀陸百捌拾伍兩壹錢叁分○本府倉歲餘米銀貳千捌百玖拾捌兩叁錢玖分叁厘零○續撥軍儲充餉銀貳千陸百壹拾柒兩叁錢伍厘零○舊額軍儲充餉銀捌百伍拾貳兩叁錢壹分柒厘零○曆日充餉銀壹拾壹兩叁錢伍分○裁冗內減銀壹拾陸兩伍錢陸分存縣夫馬仍以諸暨縣協濟抵解外實該裁冗銀壹千柒百肆拾貳兩壹錢叁分叁厘零

米共壹萬柒千柒百伍拾壹石貳斗陸升伍合零內孤貧口糧米玖百玖拾石○順治十四年奉裁充餉○康熙七年全復每石易銀壹兩又收零積餘米貳拾貳石柒斗伍升伍合零每石易銀壹

兩充餉外實該解省南米壹萬貳千肆百伍拾[illegible]
石柒升零○月糧米肆千貳百捌拾石肆斗肆升
零○祭祀
米伍石
解司共銀玖百壹拾伍兩柒錢陸分叁釐零內科
舉銀壹百陸拾兩陸錢伍分陸釐○會試舉
人水手銀貳百兩○武舉銀壹兩柒分○犀稅銀
貳兩伍錢○曆日銀貳拾陸兩貳錢伍分貳釐零
○戰船銀玖拾肆兩伍分零○解司備用銀貳百
陸兩貳錢叁分肆釐零○布政司解戶銀肆拾伍
兩○左布政司皂隸十二名廣濟庫庫夫十三名
共銀壹百伍拾兩○彬字號座船水手銀壹拾伍
兩○漁字號座船水手銀壹拾兩○
節字號座船水手銀伍兩奉裁充餉
存留府縣內共銀肆千壹拾捌兩捌錢壹分肆釐零
進表銀叁兩肆錢叁分玖釐○官
役俸食心紅等項內守經道俸銀壹百叁拾兩○
心紅銀伍拾兩奉裁○守處道快手十二名共銀

柒拾貳兩皂隸十二名共銀柒拾貳兩奉裁○布政司經歷司門皂馬夫六名共銀叁拾陸兩○紹台道皂隸十二名共銀柒拾貳兩奉裁○寧紹分司門子二名共銀壹拾貳兩皂隸十二名共銀柒拾貳兩轎傘扇夫七名共銀肆拾貳兩○本府知府員下燈夫四名共銀貳拾肆兩轎傘扇夫七名共銀肆拾貳兩○推官員下燈夫二名共銀壹拾貳兩○轎傘扇夫七名共銀肆拾貳兩奉裁○經歷司俸銀肆拾兩門皂馬夫六名共銀叁拾陸兩○司獄司俸銀叁拾壹兩伍錢貳分○皂隸二名壹拾貳兩○教授俸銀叁拾壹兩伍錢貳分○齋夫六名共銀柒拾貳兩○膳夫十六名共銀捌拾捌兩○門子三名共銀貳拾壹兩陸錢○喂馬草料銀壹拾貳兩○三江白洋巡檢二員共俸銀陸拾叁兩肆分○皂隸四名共銀貳拾肆兩○蓬萊驛驛丞俸銀叁拾壹兩伍錢貳分○皂隸二名共銀壹拾貳兩○紹興批驗所大使俸銀叁拾壹兩伍錢貳分○皂隸二名共銀壹拾貳兩○本縣知

縣俸銀肆拾伍兩○心紅銀貳拾兩○門子二名共銀壹拾貳兩○皂隸十六名共銀玖拾陸兩○馬快八名共銀壹百叄拾肆兩肆錢○民壯五十名共銀叄百兩○燈夫四名共銀貳拾肆兩○禁卒八名共銀肆拾捌兩○修理倉監銀貳拾兩○轎傘扇夫七名共銀肆拾貳兩○庫子四名共銀貳拾肆兩○斗級四名共銀貳拾肆兩○縣丞俸銀肆拾兩○門皂馬夫六名共銀叄拾陸兩○典史俸銀叄拾壹兩伍錢貳分○門皂馬夫六名共銀叄拾陸兩○教諭俸銀叄拾壹兩伍錢貳分○齋夫六名共銀柒拾貳兩○膳夫二名共銀肆拾兩○門子三名共銀貳拾壹兩陸錢○喂馬草料銀壹拾貳兩○祭祀賓興內本府祭祀銀壹百玖拾肆兩肆錢捌分○文廟香燭銀叄兩陸錢○迎春銀伍兩○本縣祭祀銀柒拾壹兩○文廟香燭銀壹兩陸錢○迎春銀叄兩○鄉飲銀壹拾兩○季考銀叄拾陸兩○本府歲貢路費旗匾銀叄拾兩柒錢伍分○觀風銀叄拾陸兩○雜支內守道

新任祭門等銀肆錢貳分奉裁○府縣新官到任祭門等銀陸兩玖錢玖分○府縣陞遷祭江等銀伍兩伍錢○本府解戶銀肆拾兩○看守禹王廟門子共銀陸兩○看守分司門子共銀陸兩○府縣鹽捕十七名共銀壹百貳拾貳兩肆錢○三江巡司弓兵銀叁拾貳兩肆錢○鹽課并滴珠銀伍拾兩肆錢叁分玖厘零○白洋巡司弓兵銀壹拾捌兩○鹽課并滴珠銀貳拾貳兩叁錢玖分柒厘零○黃家堰巡司弓兵銀陸拾壹兩貳錢○鹽課并滴珠銀壹拾陸兩玖錢陸分捌厘○各舖司兵共銀肆百壹拾貳兩捌錢○閘夫銀貳拾柒兩○修城民七銀伍拾貳兩伍錢陸分陸厘○修理塘閘銀捌拾捌兩玖錢叁分貳毫○修理官船并水手銀肆拾兩○修理鄉飲器皿等銀壹拾兩○存縣備用銀捌拾玖兩叁分陸厘零

○府縣重囚口糧銀柒拾貳兩

二十三年一辦內 本縣歲貢路費旗匾等銀叁拾叁兩○迎宴新舉人銀壹拾玖兩○

起送會試舉人等銀貳拾捌兩叁錢捌分肆釐叁
○賀新進士等銀壹拾兩陸錢陸分陸釐零○起零○起
送科舉生員等銀肆拾捌兩捌分陸釐零內
外賦不入田畝銀肆兩捌錢伍分壹釐零

隨漕項下　共銀柒千肆百叁拾伍兩壹錢壹分陸
釐零○貢具銀貳百壹拾兩貳錢叁分
叁釐零○廩貢銀伍百陸拾壹兩陸錢○月糧七
分給軍銀伍千玖百肆拾柒兩捌錢零○淺船銀
柒百壹拾伍兩肆
錢捌分叁釐零

兵部項下　共銀貳千貳百肆拾兩玖錢玖分貳釐
零內驛站銀伍百貳拾貳兩肆錢叁分
貳釐零○經臨公幹官員合用心紅紙劄等銀叁
拾兩合用門皂銀壹百兩○僱夫銀壹千壹百玖
拾捌兩捌錢○僱馬銀壹百貳拾陸兩○裁冗共
餉內扣存夫馬銀壹拾陸兩伍錢陸分○差船銀
貳百肆拾
柒兩貳錢

一隨糧帶徵鹽課共銀壹千伍百柒拾柒兩柒分壹厘零　滴珠銀貳拾陸兩捌錢壹分零內水鄉蕩價銀壹千壹百叁拾玖兩陸錢肆分陸厘零○折色銀貳百叁拾陸兩叁錢肆分陸厘○本色銀壹百肆拾伍兩叁毫○塗田地稅銀肆拾兩捌錢叁分捌厘零○三江閘沙田地差銀壹拾叁兩伍錢玖分肆厘零○商稅銀壹兩陸錢肆分伍厘零○滴珠銀貳拾陸兩捌錢壹分零

一額外歲徵漁課折色銀壹百伍拾貳兩零　路費銀壹拾伍兩貳錢零俱原額奉文稅糧內派徵

以上通共起運銀伍萬貳百壹拾貳兩叁錢貳分零　滴珠鋪墊路費銀叁百柒拾柒兩肆錢捌厘

零　存留銀叁萬壹千捌百叁拾伍兩叁錢貳厘
零今奉
旨彙解戶部本折正賦裁扣等各項通共銀伍萬貳
百壹拾貳兩叁錢貳分零　滴珠鋪墊路費銀叁
百柒拾柒兩肆錢捌厘零　存留本省兵餉銀壹
萬柒千貳百貳拾肆兩陸錢壹分伍厘零　存留
各項雜支銀共壹萬肆千陸百壹拾兩陸錢捌分
陸厘零　南月糧米壹萬陸千柒百叁拾叁石伍
斗壹升零　祭祀米伍石

遇閏地畝加銀壹千叁百貳拾玖兩捌錢玖分捌
厘零　外賦加銀貳錢貳分壹厘零共加閏銀壹
千叁百叁拾壹錢貳分壹厘肆毫
康熙十年共存留玖百伍拾叁兩玖錢叁分零內
本省兵餉共銀壹百伍拾叁兩肆錢陸分陸厘零
內　民壯銀陸拾陸兩陸錢　裁冗銀伍拾貳兩
貳錢伍分叁厘零　鹽米折銀
叁拾肆兩陸錢壹分叁厘零
解司　共銀壹拾伍兩叁錢捌分叁厘零內　左布
政司皂隸廣濟庫庫夫銀壹拾貳兩伍錢○
曆日銀叁錢捌分叁厘零○彬字號座船水手銀
壹兩貳錢伍分○澳字號座船水手銀捌錢叁分
叁厘零○節字號座船水手銀肆錢壹分陸厘零
奉裁○隨漕月糧銀肆百柒兩肆錢捌分肆厘

存縣各項雜支共銀貳百肆拾玖兩壹錢玖分[illegible]釐零○守紹道俸銀壹拾兩捌錢叁分叁釐零奉裁○守處道快手十二名銀陸兩奉裁○皂隸十二名銀陸兩奉裁○布政司經歷司門皂馬夫六名銀叁兩○紹台道皂隸十二名銀陸兩奉裁○寧紹分司門子二名銀壹兩○皂隸十二名銀陸兩○轎傘扇夫七名銀叁兩伍錢○本府知府燈夫四名銀貳兩○轎傘扇夫七名銀叁兩伍錢○推官燈夫二名銀壹兩奉裁○轎傘扇夫七名銀叁兩伍錢奉裁○經歷俸銀叁兩叁錢叁分叁釐零奉裁○門皂馬夫六名銀叁兩

司獄司俸銀貳兩陸錢貳分陸釐零奉裁○皂隸二名銀壹兩○教授俸銀貳兩陸錢貳分陸釐零奉裁○齋夫六名銀陸兩○膳夫十六名銀陸兩陸錢陸分陸釐零○門子三名銀壹兩捌錢○三江白洋巡檢俸銀伍兩貳錢伍分叁釐零奉裁○皂隸四名銀貳兩○蓬萊驛驛丞俸銀貳兩陸錢貳分陸釐零奉裁○皂隸二名銀壹兩○紹興

批驗所大使俸銀貳兩陸錢貳分陸厘零奉裁〇皂隸二名銀壹兩〇本縣知縣俸銀叁兩柒錢肆分玖厘零奉裁〇門子二名銀壹兩〇皂隸十六名銀捌兩〇馬快八名銀壹拾壹兩貳錢〇民壯五十名銀貳拾伍兩〇燈夫四名銀貳兩〇禁卒八名銀肆兩〇轎傘扇夫七名銀叁兩伍錢〇庫子四名銀貳兩〇斗級四名銀貳兩〇縣丞俸銀叁兩叁錢叁分叁厘零奉裁〇門皂馬夫六名銀叁兩〇典史俸銀貳兩陸錢貳分陸厘零奉裁〇門皂馬夫六名銀叁兩〇教諭俸銀貳兩陸錢貳分陸厘零奉裁〇齋夫六名銀陸兩〇膳夫八名銀叁兩叁錢叁分叁厘零〇門子三名銀壹兩捌錢〇看守禹王廟門子二名銀伍錢〇看守分司門子二名銀伍錢〇本府鹽捕九名銀伍兩肆錢〇本縣鹽捕八名銀肆兩捌錢〇三江巡司弓兵銀貳兩柒錢〇鹽課銀肆兩貳錢叁厘零奉裁〇白洋巡司弓兵銀壹兩伍錢又鹽課銀肆兩捌錢陸分陸厘零奉裁〇各鋪司兵銀叁拾肆兩柒錢

〇黄家堰巡司弓兵銀伍兩壹錢又鹽課銀肆錢壹分肆厘奉裁〇閘夫銀貳兩貳錢伍

修理官船水手

銀貳兩伍錢

兵部項下　共銀壹百貳拾捌兩肆錢內僱夫馬銀壹百壹拾叁兩肆錢又差船加役銀壹拾伍兩

遇閏加米叁百伍拾貳石壹升陸合　係運丁月糧

一額外匠班銀壹百柒拾伍兩捌錢玖分壹厘零

又當稅銀壹百兩并牙稅雜税等銀雖無定額仍於年終將收過數目造報查核

奉裁銀共肆百伍拾伍兩肆錢貳分

徵比

一徵比本邑坊里舊分六花每日止比一花週而復始應比者按期赴比自一都一啚起至九都一啚止凡三十三里曰頭花自九都二啚起至十七都一三啚止凡三十五里曰二花自十七都二四啚起自二十六都三啚止凡三十七里曰三花自二十七都一啚起至三十五都二啚止凡三十五里曰四花自三十六都一啚起至四十六都二啚止凡三十三里曰五花自四十六都三啚起至

恩坊止凡十四里二十三坊曰六花以次輪比法
難變易惟天樂四都距縣百里而遥特設十日一
比之法而應輸之課亦無敢後云
比法莫善於兼比遞年何也見年祇求免鞭笞而
已寧敢任拖欠之咎哉皆因遞年頑梗恁催不卹
以致積逋相仍而解額常虧倘能兼比遞年誰敢
規避似繁而實簡矣若遞年赴比而不完者又用
滾单摘比之法有不輸將恐後乎康熙九年臺臣
傅公○一疏云徵比須先頒赤曆册俾十甲欠户

各註地丁銀米雖零星細戶不許推諉正此意也

已經奉

旨須行省直永爲遵守則見役無奔馳賠累之苦而

惟正之供必無匱歉矣

起解

一起解歷來各項錢糧糧米民解居多一逢點差

輙至傾家自順治初年奉史收官解之例而坊里

遂安

解糧舊例欵項常百餘條緩急之際不得不那移

一那移而册籍必致溷淆一溷淆而胥役必致侵漁者勢也康熙二年左布政使袁一相條議各州縣錢糧既以一條鞭徵收亦應以一條鞭起解除輕賫淺貢行月解糧道䕶銀解驛道鹽課解運司採辦本色解府外諸凡部寺各項百餘條應解司者彙爲一條及至解部則藩司自列欵項近年以來無仍前紛紜之弊而解額無分毫之掛欠者實布政司條議之力也

貢額

陸閎所著越布單衣勅常獻此所謂錫貢者也舊制載唐貢編紋紗等十二種宋祥符中貢排花紗等五種元貢有玉面貍等明貢則有食味今食味久裁汰而藥材器用等派入額辦銀內起解解以本色貢矣

〔明〕歲進野味兎八隻鴈四隻鵓鴣四隻歲辦藥材白术十九斤茯苓七十斤半夏五十斤皮一百二十五張弓三百六十張箭三千三百二十四枝弦條一千八百三卜鵝翎八萬二千六百絲一百五

十一斤五兩金線三千五百三十六丈一尺顏料
紅花七十四斤二兩二錢烏梅七十四斤二兩二
錢梔子三斤十一兩三錢黃栢皮三斤十一兩二
錢洗花灰一千一百八十六斤五兩石灰二十八
斤二兩二錢靛青四百五十五斤二兩槐子二十
一斤一十二兩八錢白礬一十五斤二兩胰子一
百二十九箇明礬一十二斤六兩黃册一十七斤
六兩五錢藚黃二斤八兩一錢木柴一百八十九
箇曆日紙黃紙一萬八千五百張白綿紙二萬四千

五百八十張

國朝貢額盡除止徵銀米二項所有顏料諸條俱折銀採辦已載起運部寺項下矣惟糧米有秋南之别秋米折銀解糧道給發運丁口糧每石折銀壹兩爲例於先一年秋冬之際預徵南米聽上臺收撥給散各鎮營月粮於本年秋收後開徵每徵壹石以貳斗伍升爲秋米以七斗伍升爲南米

徭役

補力役之征自古有之明季百費浩繁俱責成坊

里至科派承應之費溢于常賦一嘗見役勤費[illegible]
六百金則田產非其有也自
國朝定鼎至順治十五年以次釐剔至康熙六年諸
弊肅清於正供條鞭之外不許多派一文多役一
夫物極而返其亦勢使然歟
一禁革私派山陰縣舊設有聽夫一項共計一百
四十名每名派工食銀三兩六錢加閏一年總計
銀伍百餘兩至年終封印之後衙蠹光棍百十成
羣逐戶打索多至破家及借營債以應又本縣驛

迨自順治十五年間竟派坊里承應始不過貼費及至年增一年兇夫凶横異常兵房惡蠹串通各營飛票如雨勒令折乾每坊出銀四五十兩一年通計一千餘兩其各坊承應名曰值月二十三坊挨次輪流一切供應盡令值月坊長承值公单之外又有私餽積習相沿牢不可破更有沿途設立公館大公館費銀一二十兩小公館費銀七八兩下程小飯酒筵油燭柴炭等項無不備具此眞坊役奇苦不可一朝者也貢生張翼辰力籲督撫兩

院批行嚴禁斯弊坊民斯甦

〔明〕御史龐尚鵬刱立爲一條鞭法眞萬世良規乃奉行之始吏胥不得逞其欲反譁言不便鄉紳張元忭移書當道陳其利害始無沮格迨至明末舊制漸湮流弊日甚如廳夫驛站較前之額辦坐辦加至什倍如值月之募次竹兜豬羊酒麪滿饌募夫較前之雜辦撮辦更苦萬分康熙六年貢生張翼辰以坊役奇苦呈鳴督撫兩院蒙總督趙廷臣撫院蔣國柱軫念民瘼即按

欽頒經費錄與賦役全書自官府隸役以致驛站縴
夫俸薪工食燭炭紙張等項皆有額定經制行令
藩司虛公核算立石示禁凡經制之外多設一人
即爲白役賦役之外多徵一分即爲私派申飭通
省仍照龐公舊例藩司袁一相巳刻入浙藩詳議
中通邑生民咸沐其利
康熙八年山陰縣知縣高諱登先詳明遞夫水解
顏茶二弊其畧曰細查遞夫一項全書開載額設
僱夫一千一百九十八兩八錢裁冗兵餉內扣

存夫馬銀一十六兩五錢六分遇閏加夫馬銀
百一十三兩四錢供應勘合火牌諒已充裕但因
國初以來軍興孔亟差遣浩繁承值不敷故夫里議
有貼食之舉今時已昇平差使減省蒙督憲示禁
一切勘合火牌各[illegible]夫馬照依全書額
載之銀給發應差倘有不足另行詳請斷不致擾
累里民也又查備馬一項全書額銀一百二十六
兩向例以充代馬亦蒙督撫二憲禁革動支額銀
應役因與夫役向各坊貼帮圍轎酒飯等費所

坊民不甘[illegible]行[illegible]飭嗣後坊民貼找之累亦永除矣又備[illegible]承解一項

本朝定鼎更收官解律載甚明起自順治五年間前令傳集里民公議貼解歷來已久去年奉憲嚴批禁飭在案任內並無貼解一項貼解一項無庸聲說至于顏料茶蠟等項銀兩遵查全書除原額價銀外每年二月間撫憲行令仁錢二縣確估時價徵銀辦解以完上供但由单刊載在先而時價奉加在後總另刻小单曉諭民人照单輸納自不致

胥復多派厲民也三項須示勒石永行遵守庶地
方獲安全之福也

貢額

本縣知縣范其鑄康熙貳拾貳年所司糧務按年
循照戶房編定額賦奉
旨刊載由单送　司核明達　部徧給坊都里民一
體遵行催徵則照依　部限遵行落甲自運另
分給簡明小单令各戶照額輸將每年起運項
下徵觧兵餉各餉存留項下觧給驛站俸工櫟

支自康熙拾叁肆年間時值軍興爲暫移存留
可緩等事奉　文將存留項下官俸役食酌議
裁減以充兵餉今康熙貳拾壹年爲欽奉
恩詔事奉　文貳拾壹年官俸復留貳拾貳年役食
新復遵照全書額數復留徵給所有本折色蠟
茶顏料藥材桐油等項遵照奉　文估定價值
辦解本色銀硃黃蠟遵照奉　文飭兩價值辦
解至於貳拾壹年奉　文扣除災免遵將起存
各款內公扣免俾閭邑咸沾實惠統計每年起

運存晉照額徵收依欵解給部獲批領依限全

完造册申送　院　司　奏銷達　部是則徵

收有一定之規而絶侵漁之弊者矣

康熙二十一二年起

新增裁改充餉共銀九百九十二兩六錢六分三

厘零内　報增銀柒拾玖兩叁錢貳分貳厘零

裁優免充餉銀壹百捌拾貳兩壹錢叁分　裁

解司備用銀貳百陸兩陸錢捌分玖厘零　司

存留解戶銀肆拾伍兩　寧紹道新任祭門祭

衙祭江等銀肆錢貳分　寧紹道心紅銀伍拾兩　府新任祭門銀肆兩壹錢肆分　縣新任祭門銀貳兩捌錢伍分　府陞遷祭江等銀叁兩　縣陞遷祭江等銀貳兩伍錢　府學教授喂馬草料銀壹拾貳兩　本縣知縣心紅銀貳拾兩　縣學教諭喂馬草料銀壹拾貳兩　本府解戶銀肆拾伍兩　府季考銀陸兩　縣季考銀叁拾兩　府各院觀風銀陸兩　本縣各院觀風銀叁拾兩　脩城民七銀伍拾七兩伍錢

陸分陸厘　脩理官船併水手銀肆拾兩　脩
理鄉飲器皿等銀壹拾兩　脩理塘閘銀肆拾
肆兩肆錢陸分伍厘零　脩理監倉銀貳拾兩
存縣備用銀捌拾捌兩伍錢捌分壹厘零
解司原額共銀玖百肆拾柒兩貳錢壹分捌厘零除奉裁充餉外實銀陸百玖拾伍兩伍錢叄分玖厘零內
科舉銀壹百陸拾兩陸錢伍分陸厘康熙十四年裁半十七年存內又裁半二十年奉恩詔二十一年全復
會試舉人水手銀貳百兩康熙十四年裁半十五年全裁二十年奉恩詔二十一年全復
武舉銀壹兩柒分裁復與科舉銀同
僱稅銀貳

兩伍錢裁復與會試舉人同　曆日銀貳拾陸兩貳錢伍分貳厘叁毫遇閏加銀叁錢捌分叁厘零康熙十五年裁半二十年奉恩詔二十一年全復　戰船銀玖拾肆兩伍分玖毫　布政司皂隸壹拾貳名銀柒拾貳兩遇閏加銀陸兩康熙十六年奉文全裁二十年奉恩詔二十二年全復

廣濟庫庫夫壹拾叁名銀柒拾捌兩遇閏加銀陸兩伍錢裁復與本司皂隸同　布政司經歷司門子壹名銀陸兩遇閏加銀伍錢康熙十七年全裁二十年奉恩詔二十二年全復　布政司經歷司皂隸肆名銀貳拾肆兩

遇閏加銀貳兩裁復與本司皂隸同布政司經歷司馬

夫壹名銀陸兩遇閏加銀伍錢裁復與本司經歷司門子同

督院彬字號座船水手銀壹拾伍兩遇閏加

銀壹兩貳錢伍分康熙十七年全裁二十年奉恩詔二十二年全復

撫院漁字號座船水手銀壹拾兩遇閏加銀捌

錢叁分叁厘零裁復與彬字號同布政司解銀肆拾

伍兩康熙十四年全裁充餉傳用銀貳百陸兩陸錢捌

分玖厘壹毫肆絲康熙十四年全裁充餉

存留府縣原額共銀肆千陸百陸拾捌兩伍錢伍分肆厘零除奉裁充餉外實銀肆千壹

百捌拾玖兩叁分貳厘零内進表銀叁兩肆錢叁分玖厘

分巡寧紹道俸銀壹百伍兩康熙十四年全裁二十年奉恩部

二十一年全復心紅銀伍拾兩康熙十四年全裁寧紹分

司門皂壹拾肆名銀捌拾肆兩遇閏加銀柒兩

康熙十六年全裁二十年奉　恩部二十二年復給寧紹分司轎傘扇

夫柒名銀肆拾貳兩遇閏加銀叁兩伍錢康熙十七

年全裁二十年奉　恩部二十二年復給本府燈夫肆名銀貳

拾肆兩遇閏加銀貳兩裁復與寧紹分司門皂同本府轎

傘扇夫柒名銀肆拾貳兩遇閏加銀叁兩[illegible]錢

裁復與寧紹分司轎傘扇夫同　本府經歷司俸銀肆拾兩康熙十六年裁半二十年奉恩詔二十一年全復　本府經歷司門皂馬夫陸名銀叁拾陸兩遇閏加銀叁兩康熙十六年裁貳拾肆兩十七年裁壹拾貳兩二十年奉　恩詔二十二年復給　本府司獄司俸銀叁拾壹兩伍錢貳分裁復與本府經歷司同　本府司獄司皂隸貳名銀壹拾貳兩遇閏加銀壹兩

康熙十七年全裁二十年奉　恩詔二十二年復給　本府學教授俸銀叁拾壹兩伍錢貳分康熙十六年分半俸訓導支領　齋夫叁名銀叁拾陸兩遇閏加銀叁兩康熙十五年裁半十七年又裁

半二十年奉　恩詔二十二年復給　府學膳夫壹拾陸名銀捌拾兩遇閏加銀陸兩陸錢陸分陸厘零康熙十五年裁半十六年裁半二十年奉　恩詔二十二年復給　府學門子叁名銀貳拾壹兩陸錢遇閏加銀壹兩捌錢康熙十六年裁壹拾肆兩肆錢十七年裁柒兩貳錢二十年奉　恩詔二十二年復給　府學教授喂馬草料銀壹拾貳兩康熙十四年裁半十六年全裁充餉　三江巡檢俸銀叁拾壹兩伍錢貳分康熙十六年裁半二十年奉　恩詔二十一年全復　三江巡檢皂隸貳名銀壹拾貳两遇閏加銀壹兩　白洋巡檢俸銀叁拾壹兩

伍錢貳分裁復與三江巡檢同白洋巡檢皂隸貳名銀壹拾貳兩遇閏加銀壹兩蓬萊驛驛丞俸銀叁拾壹兩伍錢貳分裁復與三江白洋巡司同批驗所大使俸銀叁拾壹兩伍錢貳分裁復與巡檢驛丞同批驗所皂隸貳名銀壹拾貳兩遇閏加銀壹兩本縣知縣俸銀肆拾伍兩康熙十四年全裁二十年奉恩詔二十一年全復本縣知縣心紅銀貳拾兩康熙十四年全裁充餉本縣門子貳名銀壹拾貳兩遇閏加銀壹兩康熙十六年全裁二十年奉恩詔二十二年復給本縣皂隸壹拾陸名

銀玖拾陸兩遇閏加銀捌兩裁復與門子同本縣馬
快捌名工食銀肆拾捌兩陸路備馬製械水鄉
打造巡船以司緝探銀捌拾陸兩肆錢共銀壹
百叁拾肆兩肆錢遇閏加工食銀肆兩加製械
銀柒兩貳錢康熙十四年裁工食銀貳拾肆兩十五年裁製械銀肆拾叁兩貳錢
十六年裁工食銀貳拾肆兩又裁製械銀肆拾叁兩貳錢二十年奉恩詔二十二年復給
本縣民壯伍拾名銀叁百兩遇閏加銀貳拾
伍兩康熙十四年裁半十六年全裁二十年奉恩詔二十二年復給本縣
燈夫肆名銀貳拾肆兩遇閏加銀貳兩裁復與本縣門

皂同　本縣禁卒捌名銀肆拾捌兩遇閏加銀肆兩康熙十六年裁半十七年存內又裁半二十年奉　恩詔二十二年復給

脩理監倉銀貳拾兩康熙十四年全裁充餉

本縣轎傘扇夫柒名銀肆拾貳兩遇閏加銀叁兩伍錢裁復與本府轎傘扇夫同

本縣庫子肆名銀貳拾肆兩遇閏加銀貳兩裁復與本縣門皂同

本縣斗級肆名銀貳拾肆兩遇閏加銀貳兩裁復與本縣門皂同

本縣縣丞俸銀肆拾兩裁復與本府經歷司同

本縣縣丞門皂馬夫陸名銀叁拾陸兩遇閏加銀叁兩康熙十六年裁皂隸工食銀貳拾

兩十七年裁門子工食銀壹拾貳兩二十年奉恩詔二十二年復給　本縣典
史俸銀叁拾壹兩伍錢貳分裁復與三江白洋巡檢同　本
縣典史門皂馬夫陸名銀叁拾陸兩遇閏加銀
叁兩裁復照縣丞門皂馬夫同　本縣學教諭俸銀叁拾壹
兩伍錢貳分康熙十六年分半俸訓導支給　本縣學齋夫叁
名銀叁拾陸兩遇閏加銀叁兩康熙十五年裁半二十年奉
恩詔二十二年復給　本縣學膳夫捌名銀肆拾兩遇閏
加銀叁兩叁錢叁分叁釐零裁復與府學膳夫同　本縣
學門子叁名銀貳拾壹兩陸錢遇閏加銀壹兩

捌錢康熙十六年裁壹拾肆兩肆錢十七年裁柒兩貳錢二十年奉　恩詔二十二年復

給　本縣學教諭喂馬草料銀壹拾貳兩康熙十四年裁半十六年又裁半全裁解司充餉

祭祀賓興

本府祭祀銀壹百捌拾柒兩捌錢壹分叁厘零康熙十五年裁半十六年存数内裁半十九年全復　諭祭銀陸兩陸錢陸分陸厘陸毫伍絲裁復與府祭同　本府　文廟香燭銀叁兩陸錢康熙十七年裁半二十年奉　恩詔二十二年全復　本府迎春銀伍兩康熙十六年裁半二十年奉　恩詔二十二年復　本

縣祭祀銀柒拾壹兩裁復與府祭同　本縣文廟香燭銀壹兩陸錢裁復與府文廟同　本縣迎春銀叁兩裁復與府迎春同　鄉飲銀壹拾兩康熙十五年裁伍兩十六年裁貳兩伍錢十七年裁貳兩伍錢二十年奉恩部二十二年復給　府季考銀陸兩康熙十四年裁叁兩伍錢伍分十五年裁貳兩肆錢伍分全裁充餉　縣季考銀叁拾兩康熙十四年裁壹拾柒兩柒錢伍分十五年裁壹拾貳兩貳錢伍分全裁充餉　本府歲貢路費旗扁銀叁拾兩柒錢伍分康熙十四年裁半十五年裁半二十年奉恩部二十一年復給　府各院覲風銀陸兩康熙十五年全裁充餉　縣各院覲風銀

叁拾兩康熙十五年全裁充餉

解支

守道新任祭門銀肆錢貳分康熙十四年裁半十五年全裁充餉

府新官到任祭門等銀肆兩壹錢肆分康熙十五年全裁充餉

縣新官到任祭門等銀貳兩捌錢伍分康熙十五年全裁充餉

府陞遷祭江等銀叁兩康熙十六年全裁充餉

縣陞遷祭江等銀貳兩伍錢康熙十六年全裁充餉

本府解戶銀肆拾伍兩康熙十五年全裁充餉

看守禹王廟門子貳名銀陸兩康熙十七年全裁二十年奉

恩詔

二十二年復給

看守分司門子貳名銀陸兩裁復與禹王廟門子同

本府塩捕玖名銀陸拾肆兩捌錢遇閏加銀伍兩肆錢康熙十四年裁半十六年裁半二十年奉恩詔二十二年復給

本縣塩捕捌名銀伍拾柒兩陸錢遇閏加銀肆兩捌錢裁復與府塩捕同

三江巡司弓兵玖名銀叁拾貳兩肆錢遇閏加銀貳兩柒錢裁復與塩捕同

白洋巡司弓兵伍名銀壹拾捌兩遇閏加銀壹兩伍錢裁復與塩捕同

黄家堰巡司弓兵壹拾柒名銀陸拾壹兩貳錢遇閏加銀伍兩壹錢裁復與塩捕同

衝要柒舖司兵貳拾玖名銀貳百伍拾伍兩錢遇閏加銀貳拾壹兩叁錢康熙十六年裁三分之一十七年存內又裁半二十年奉恩詔二十二年復給次衝要四舖司兵壹拾陸名銀壹百壹拾伍兩貳錢遇閏加銀玖兩陸錢裁復與衝要同偏僻叁舖司兵柒名銀肆拾貳兩遇閏加銀叁兩伍錢康熙十六年裁半十七年存內又裁半二十年奉恩詔二十二年全復閘夫工食銀貳拾柒兩遇閏加貳兩貳錢伍分康熙十七年裁半二十年奉恩詔二十二年復給脩城民七銀伍拾貳兩伍錢陸分陸釐康熙十四年裁玖兩陸錢

叁分柒厘伍毫十五年裁肆拾貳兩玖錢貳分捌厘伍毫全裁充餉

修理塘閘銀捌拾捌兩玖錢叁分貳毫　康熙十七年裁半解司充餉

修理官船併水手銀肆拾兩　康熙十四年全裁解司充餉

修理鄉飲器皿等銀壹拾兩　康熙十四年全裁解司充餉

存縣備用銀捌拾捌兩伍錢捌分壹厘陸絲 [illegible] 十四年裁拾陸兩貳錢貳分伍厘捌毫十五年 [illegible] 裁柒拾貳兩叁錢伍分伍厘貳毫陸絲全裁 [illegible] 司充餉

府重囚口糧銀叁拾陸兩　縣重囚口[illegible]糧銀叁拾陸兩

二三年一辦

本縣歲貢路費旗扁銀叄拾叄兩 康熙十四年裁半十五年裁半二十年奉恩詔二十一年復給

府迎宴新舉人銀玖兩 康熙十四年裁半十五年全裁二十年奉恩詔二十一年復給

縣迎宴新舉人銀壹拾兩 裁復同前

府起送會試舉人等銀捌兩叄錢捌分肆厘肆毫 裁復同前

縣起送會試舉人等銀貳拾兩 裁復同前

府賀新進士等銀肆兩 裁復同前

縣賀新進士等銀陸兩陸錢陸分陸厘陸毫陸絲 裁復同前

府起送科舉生員等銀陸兩伍錢 裁復同前

縣起送科舉生員等銀肆拾壹

兩伍錢捌分陸厘柒毫裁復同前　孤貧戶粮柴布

等銀壹千壹百伍拾伍兩康熙十五年裁半丁六年全裁十九年全

復仍給

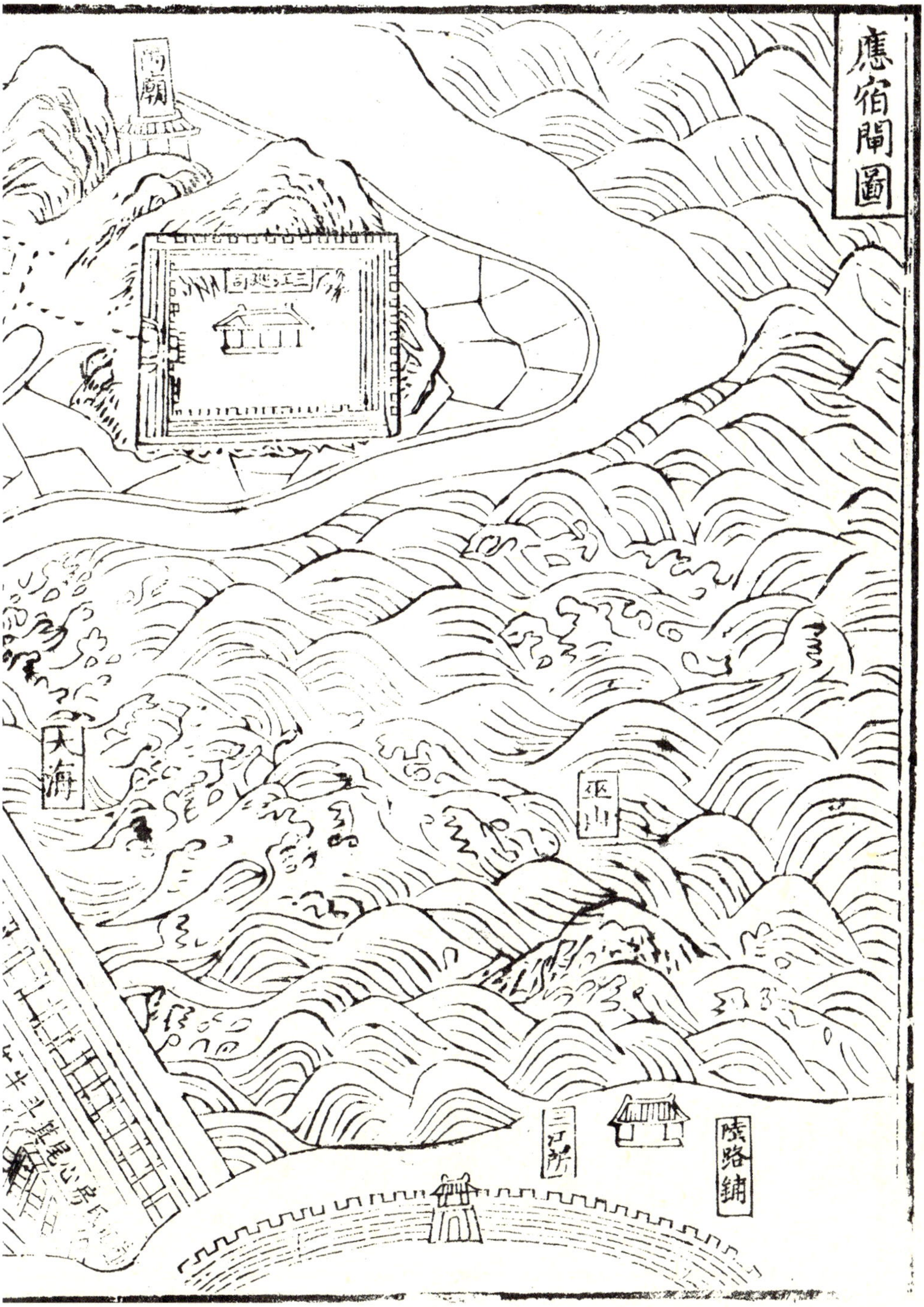

應宿閘圖

海口

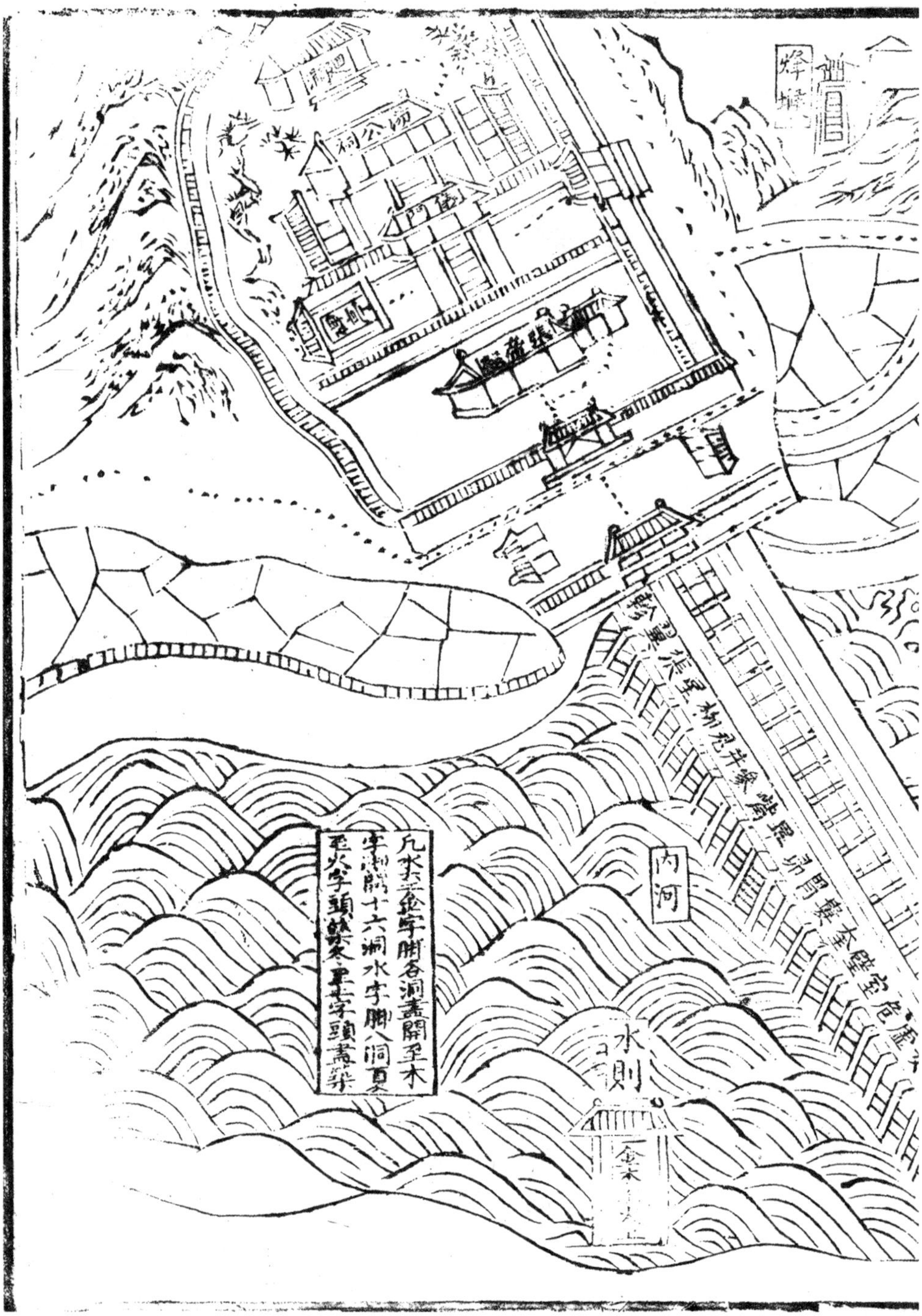

湯公祠
儀門
軫翼張星柳鬼井參觜畢昴胃婁奎壁室危虛
內河
凡水在金字脚各洞盡開至木字脚開十六洞水字脚八洞夏至火字頭築秋冬至土字頭盡築
水則

閘圖
海口
三江巡司
三江所
敕封聖文殿
張帝殿
關帝殿

文昌祠
北極殿
古大悲閣
敕建寶積禪寺

山陰縣志卷第十二

水利志

閘　堰　壩　塘

河渠列於山川乃復有水利記者相地宜重農務也所以經邦土而裕民物者咸繫乎是矣審其利在去其害爲疏濬爲蓄泄爲隄防時舉而不失其宜乃信爲樂土者乎

補治地爲治人之首務順天時輿農業水利厥惟要哉凡司民牧者治行有他美不盡傳即傳亦不

甚久惟有功于水利者獨俎豆之與歌頌之不少衰遠自馬侯近在湯公可覩已若乃蓄泄無法聽時水旱徒委諸天行噫天行其果任咎耶

越之地南盤山谷而高北抵滄海而下高者水之所出總其派蓋有三十六源焉下者水之所歸故海爲越水之壑也宋以前鏡湖瀦三十六源之水多則泄民田之水入於海水少則泄湖之水以漑民田湖水由堰閘達于玉山斗門在縣東北三十三里唐貞元元年觀察使皇甫政建閘計八門北五門隸山陰南三門屬會稽泄二縣之水出三江入巨海其上有

張帝祠　地利盡而歲事登水旱不能使之病此古山陰之水利也自後鏡湖廢爲田源既漫流水無所瀦兼以浣江之水灌於西江浣江在諸暨與東陽義烏浦江之水合流入西小江經蕭山入于海山陰遂成巨浸時遇霪潦水勢泛溢惟一玉山斗門不能盡泄知府戴琥及知縣張煥雖建扁拖諸閘以濟之扁拖閘在縣北三十里小江之北其閘有二北閘三洞成化十三年戴琥所建南閘五洞正德六年張煥所建（郡推官蔣誼記其畧曰）嘗讀宣房瓠子之歌至今傷之蓋田爲沮洳民爲魚鱉使公卿負薪以塞之積二十餘年而功成於乎亦勞矣哉故爲政之及民無重於水利紹興古會稽郡山陰會稽蕭山良田千萬項一遇霪雨則溪水橫流遂成甕

形浮梁戴君廷節以御史出守茲土深恤民患以爲小江決不可復開磧堰決不可再築故於山陰新竈柘林各置一閘以泄江南之水又於扁拖甲蓬各置一閘以泄江北之水復於蕭山之龕山山陰之新河各置一閘以泄湘湖及麻溪之水而後水有所歸無復向日之漫漶而三縣之田可以望秋成矣其有利於民豈淺淺哉尚書王鑑之記其畧曰山陰附郡之邑面山而負海四鄉之田視水之盈縮以爲豐凶正德戊辰泰和張侯玉奎出宰吾邑謂農事莫重於水利恒切究心以三邑之水皆宗於玉山扁拖二閘旱則備之以資灌溉潦則決之以防浸淫然環郡之地亘數百里溪壑暴漲二閘豈能速退故於涇漊之區倚玉山爲固增置水閘以分泄玉山斗門之水則三江之至柘林患可除矣復于扁拖置閘左右增置斗門六洞以泄小江南北暴漲而三邑居民亦可均受其利矣

而猶未能分殺其暴漲也乃爲決塘之計塘決而

狂湍迅湧勢不得不驟涸然後苦疲民以築塞功未成而患旱乾矣水之爲害非不可去也患去之無方耳今之爲政者罔不以水利爲建明然圖其功而過於鑿水利雖不言可也善慮者亦行其所無事而已今磧堰既決諸暨之水已無所患堰既崩金華諸水徑由漁浦入錢塘知府彭誼所建白馬閘廢不用其境內水之以溪名者曰相溪曰上淺溪曰餘支溪曰白龍溪曰南池溪曰蘭亭溪曰離渚溪曰芝溪曰虞溪曰白石溪曰道樹溪曰大梅溪曰巧溪曰麻溪曰童子溪皆

水源也水之以河名者爲運河爲城河爲府河多爲市民塡佔窄狹嘉靖三年知府南大吉按圖籍多方浚闢將徧周諸河未竟而去（新建伯王守仁記越人以舟楫爲輿馬濵河而廛者皆巨室也日規月築水道淤溢畜泄既亡旱潦頻仍商旅日爭于途至有鬬而死者矣南子乃決沮滯復舊防去豪商之壅削勢家之侵失利之徒胥怨交謗從而謡之曰南守瞿瞿實破我廬瞿瞿南守使我奔走人曰吾守其厲民歟何其謗者之多也陽明子曰遲之吾未聞以佚道使民而或有怨之者也既而舟楫通利行旅懽呼絡繹是歲秋大旱江河龜折越之人收獲輸載如常明年大水民居免於墊溺遠近稱便又從而歌之曰相彼舟人矣昔揭以曳矣今戢以楫矣旱之敲也微南侯矣吾其焦矣霪其彌月矣微南侯兮吾其魚鱉矣我輸我獲矣我游我息矣長渠之活矣維南侯之流澤矣人曰信哉陽明子之言未聞以佚道使民而或有怨之者也

紀其事于石以詔來者爲鄉都諸河皆水道也水之以湖名者曰青田湖曰狹猹湖曰芝塘湖曰瓜渚湖曰黄湖曰牛頭湖曰黄垞湖曰白水湖曰感聖湖曰秋湖皆水澤也水源必決之使達水道必浚之使深其諸水澤宜查明舊額令圩人杜侵填廣停蓄以資灌溉焉若今三江之應宿閘則所以爲蓄泄之計者至矣三江閘去縣東北三十八里三江城西門外凡二十八洞築隄百餘丈上有張侯祠祠後有湯侯祠蓋海門山磧地當尾閭爲三邑之水口萬川會流泄之易如建瓴知府湯紹恩於是建爲

水湯築土塘開新河經理咸備 侍郎陶諧記

紹興古揚州之域居東南下游之地其屬邑有八惟山陰會稽蕭山之田最下霖雨浸霪則萬水鍾會陸地成淵民甚苦之昔之明守爰度地形置玉山扁拖二閘以泄其水水潦盛日又權宜設策決捍海塘岸數道以疏其流其爲水慮悉矣然二閘之口石硤如疊水却行自瀦出漫數百里而田卒汚萊決岸則激湍漂駛決嚙流移而出亦淪沒其患未息其功未全也乃嘉靖丙申蜀篤齋湯公紹恩由德安更守兹土下詢民隱實惟水患公甚憫之曰爲民父母當捍災禦患布其利以利之也吾民昏墊不知爲之所乃安食于其上可乎於是相厥地形直走三江江之滸山嘴突然下有石礦然其西北山之址亦有石隱然起者公圖其狀以歸議諸寮屬皆往相視之掘地取驗下及數尺餘果有石如甬道橫亘數十丈公曰兩山對峙石脉中聯則閘可基矣遂毅然排衆論而身任之白其事于巡按御史周公汝員

暨諸藩臬長貳僉曰俞如議公於是祭告海瀆諸神文書士方屬賦役規堰豬授之吏而訪諸同寅孫君全周君表朱君侃陳君讓而周董事實嚴覈命三邑尹方廷璽升斗暨丞尉等慮財用僦夫數屬功義民百餘十人量事期例厚薄陳畚揭分任効勞命石工伐石於山吏胥犒牛酒以勸且授以方畧使聞用巨石牡牝相銜煑秫和灰固之其石激水則剡其首使不與水爭其下有檻其上有梁中受障水之板板橫則掩之石刻水平之準使啟閉維時堤築以土其淖莫測先沒以鐵繼用箘簵發北山石投之兩旁甃石彌縫哨格岡施堤厚且堅水不得復循故道其近閘磬折參伍之使水循進以行其財用出于田畝每畝科四釐有奇三邑得貲六千餘兩其丁夫則起于編甿更番事事部序既定乃即興工工方始月夕向晦有神燈數十往來于堤若為指示區畫之狀既役工堤再潰決復有豚魚百餘比次上浮衆疑且懼奔告于公適拾遺錢公煥在坐曰是易之中孚豚魚吉利涉大

川之義也閘其始成矣乎衆心始定莫不肅將祗歎胥勸丕作記其日月經始于丙申秋七月六易朔而告成洞凡二十有八以應天之經宿始於丁酉春三月五易朔而告成以丈計長四百丈有奇廣四十丈有奇仍立廟以祀元宾計其費數千餘兩有嬴羨又於塘閘之內置數小閘曰涇溇曰撞塘曰平水以節水流以備旱乾嗚呼偉哉繼是水無復却行之患民無復決塘築堤之苦矣閘之內去海漸遠潮汐為閘所遏不得上漸可得良田萬餘畝堤之外復有山冀之淤為浮壤可為田數百頃其沮洳可蒲葦其瀉鹵可鹽其澤可魚其疆可桑其途可通商旅噫公之舉匪直水患是除而利之遺民溥矣（張文淵撰湯侯治水利民碑）稽陰蕭山地勢卑積霖不用旬雨只一夕百萬膏腴須臾沒溺舉目望洋徒典太息白屋啼饑朱門告糴郡伯湯公睹此隱惻坐建遠謀立畫長策鑿山開雲截土甃石作閘三江廿有八隙旱則畜儲潦則放逸耕始有秋饑始得食行始通舟賑始貼席此勞

此功承自開闢此德此恩垂于罔極以內之玉山閘扁拖閘涇溇閘在玉山之北一洞正德六年知縣張煥所建撞塘閘在玉山閘之東北一洞嘉靖十七年所建平水閘在三江城西門之南嘉靖十七年建爲內防以知府戴琥原定水則而時遵其啟閉焉其於旱潦何患哉知府戴琥水則例種高田水宜至中則種中高田水宜至中則下五寸種低田水宜至下則稍上五寸亦無傷低田秧巳旺及常時菜麥未收時宜在中則下五寸決不可令過中則也收稻時宜在下則土五寸再下恐妨舟楫矣水在中則上各閘俱用開至中則下五寸只開玉山斗門扁拖龕山閘至下則上五寸各閘俱用閉正二三四五八九十月不用土築餘月及久旱用土築其水旱非常時月又當臨時按視以開閉不在此例也祭酒王俱撰文鑑湖之水由平水若耶諸溪其源凡三十有六皆

西北流入小江以達于海漢永和中太守馬臻始築堤豬水以鑑湖名周三百八十有八里溉田九千餘頃在會稽山陰二縣境内其地勢南高北下故湖高於田田高於江皆丈許水溢則泄田水入於江水涸則決湖水以溉田至宋又建斗門八所以時閉縱其餘牐堰陰溝之類不可殫述而民享其利亦既久矣至熙寧中並湖之民始有盜湖爲田至九百頃者久之益甚至取其田以歸之官而不知所餘者僅數百畝其利之所入未必盡歸之官而所害凡數千頃蓋湖與堤既廢而水旱之患起既而蕭山磧堰又廢西南諸水徑趨入海而小江與錢清江在郡治西北以受斗門諸堰牐之水者遂壅塞不通斗門八所皆毀雨久則江水逆入内河衆流併入玉山斗門宣洩不通而郡又有浸淫之患天順間爲郡者嘗横江建白馬牐以逆上水俾入江北其意本以濟旱而江愈淺隘時遇暴漲則徧決江塘水退募工修築反復勞擾寖妨農時而民尤受弊成化癸巳太守戴侯來知府事宜

上德意問民疾苦時有以水利言者咨諏而審度之乃浩歎曰水土本天地自然之利以養民者也而反以害民吾其可坐視乎夫馬臻之築堤障湖水也趙彥倓之修塘防海水也今水勢高下與古不同而猶襲故跡而欲望收效於今詎可得乎於是相地之宜順水之性於小江南北建歸四所曰新竈柘林扁拖夾蓬以泄二邑之水又於蕭山邑境建龕山斗門一所以殺西水以乙未八月始事訖工于丙申十二月取財用于公帑羨餘之錢役工徒于水利所及之民人有豐登之望而不知勞公有租賦之入而不加費蓋水患頓息而歲計有成一舉而上下兩得者也歸成予友監察御史陳公直夫以書來南雍道其民之意屬予爲記予惟鑑湖之利害昔人嘗有定論矣以爲公上不利縣官之賦守令不恤豪右之民毋惑于紛紛之議毋付之悠悠之事如是夫何患乎利不興害不除歷其庶幾於是也不然自熙寧迄今闕幾百年爲郡者經幾何人而卒未有能爲之者大抵施小惠者

以民勞爲辭恤浮議者以公費爲解而侯獨奮然以與利除害爲已任而他無所顧忌以故能保成功而開永圖是誠不可無述以告之來者俾無踵前人之失以引爲後日之利斯可也侯名琥字廷節饒之浮梁世胄由監察御史出守其雄才卓識在郡多所建復而斯役也又特其一事云 賀

其時力之所未及庸有待於善繼者或謂閘以逆成石檻尚未平客且木板猶有滲泄今宜于旱乾之候繕治石檻更易木板板中實以土勿令滲泄方爲永利其土塘宜于兩涯甃以堅石以防潰決備塘猶不可廢良有司因其迹勿壞其緒振緝而使之大備焉越之人將萬世永賴之也

至於官塘舊名新堤即運道塘在縣西一十里自迎恩門起至蕭山界唐觀察使孟簡所築明弘治間知縣李良重修甃以堅石南塘即鑑湖塘自府城南偏門西至廣陵斗門六十

里漢太守馬臻所築以捍湖水者也有十一堰五閘今堰閘或通或塞或爲橋往往爲居民填佔嘉靖十七年知府湯紹恩改築水滸東西橫亘百餘里遂爲通衢

界塘在縣西七十里唐垂拱二年築與蕭山分界故名

昌安塘在縣東北十里昌安門外直抵三江海口二十里洪武二十年築城三江因爲堤塘置館舍焉

西小江塘在縣西北三十里宋嘉定間太守趙彥倓築以禦小江潮汐

大江堤去縣西南一百餘里卽臨浦壩每遇江水漲漫則溢入爲山會蕭三縣之患或者謂宜帖堤内砌椿閣木砌巨石而高築之則障民田通行旅固不可弗繕治

其後海塘去縣北四十里亘清風安昌兩鄉宋嘉定六年潰决五千餘丈田廬漂没轉移者二萬餘戶斥鹵漸壞七萬餘畝守趙彥倓請于朝頒降緡錢殆十萬米六千餘石重築並修補焉起湯灣迄于王家浦共六千一百二十丈甃以堅石者三之一明萬

曆二年白洋口塘稍圮知縣徐貞明又修築之則所以禦風濤捍潮汐民之免於魚鱉者胥此也時省而煑築不廢非海邑之大防乎夫鏡湖不可復矣講是三者益不必鏡湖而利甚溥也予爲邦土計敘其簡且要者著于篇俾言水利者緣舊而爲功勿徒紛擾云爾

閘

木儲閘在縣北三十里唐貞元初觀察使皇甫政建宋嘉定間郡守趙彥倓以潮水爲患築塘包絶

甲蓬閘在縣北三十五里扁拖閘之東北

新竈閘　柘林閘在縣北三十里並郡守戴琥建因小江漲塞久廢惟甲蓬閘尚存

顧埭閘在縣西北四十里久廢

白馬山閘在縣西北四十五里白馬山麓天順初郡守彭誼所建今廢

錢清閘在縣西五十里釣橋之右

捨浦閘　鄭家閘並在新安鄉三十八里九都地方

柳塘閘在縣西七十里天樂鄉

九眼閘在縣西五十里錢清江南元時居民所建

廣陵閘在縣西六十四里漢郡守馬臻所建今改爲橋

新涇閘在縣西四十六里抱姑之左九眼之北唐太和七年浙東觀察司使陸亘所建

白漊閘　柯山閘　三山閘俱在鑑湖之西湖廢爲田今皆湮没

清水閘在縣西一十五里自朱儲以下十七閘俱名存實廢

三江閘上有張帝祠祠後有湯侯生祠歲久閘稍壞萬曆十二年知府蕭良幹增修又置沙田九十二畝草蕩一區徵租於府備修治知府蕭良幹三江閘見行事宜一閘之啓閉以中田爲準定立水則于三江平瀾處以金木水火土爲則如水至金字脚各洞盡開至木字脚開十六洞至水字脚開八洞夏至火字頭築冬至土字頭築閘夫照則啓閉不許稽延時刻仍建水則于府治東佑聖觀并老則水牌上下相同以防欺蔽　一閘務俱屬三江巡檢帶管遇

水消長即驗則督令閘夫以期啟閉　一閘兩旁二洞向來設不開蓋二十四洞自足洩水近岸善壞故也今築爲常平閘兩邊各二洞以水當蓄處爲准水過則任其流庶有雨而水不漲　一閘夫山陰八名會稽三名每名工食三兩遇閏加銀二錢五分水洩後閉閘用土築塞每築一洞工食銀八錢凡放閘務到底不許留板凡築閘務堅密不許滲漏違者抑其工食仍究治　一漁戶往時率通同閘夫暗起閘板致洩水利及爭執洞口致有磕損今定漁戶籍口在官止許於大閘裏河扳罾不許近閘口磕損及暗開作弊違者漁戶閘夫並治罪仍責令修理漁戶定有名籍每名輸銀一錢五分貯司以備整脩蓋板之用　一附閘沙田一百二畝三分三釐九毫坐落山陰四十四都二啚才字號除撥十畝與湯祠僧種收支用外餘俱與閘夫佃種每年納租二十五兩三錢七分五釐三毫于內納糧差八兩外淨銀一十七兩三錢七分五釐三毫又草蕩一所每年納租五兩共銀二十

二兩三錢七分五厘三毫徵收府庫另貯一匣以備異日脩閘之費積有多餘止供塘閘水利取用不得別支（張元忭脩閘記錄紹興府志侍郎謝丕詩）十里長堤障百川豐功何止萬人緣迢遥星漢印青野蜿蜒蛟龍卧紫烟一柱謾高羊祜石三江應小范公泉海翁亦喜沾遺澤秉筆頻書大有年

崇禎六年郡守黃公綗重脩河南光州人會稽余武貞公煌記之

山西小閘　蕭公初修大閘續建山西小閘戊申秋應宿大閘海沙壅塞淫雨積水山陰白洋黨山安昌等村凡四都地尤窪下水没稻上盈尺民情洶洶議開山西小閘三洞而近閘居民因地有妨害阻之終以私不勝公寡不敵衆久廢仍開自後照大閘同時如法啟閉（朱忠定公恒岳碑記云）地近而流駛可備非常四都緩急呼吸相通此閘不廢江北永無沉溺之患惜爲近地居民染

圖毀塞雖經開濬百計中傷又兼中鄉人戶慮小洩過多有礙高田倡言當塞不知山西閘區區一洞耳使山西洩水先三江而啓後三江而閉誠有過洩之虞若同時啓閉總以則水爲準有速乾之利無過洩之害高田何礙乎惟修舉新舊兩閘清閘河禁塡塞還田地永備閘夫工食則三縣并四都俱有賴矣

眞武殿閘在縣西六十里夏履橋二里許土名長墩坂溪深田高建閘灌溉田三千七百畝故時無旱澇患其後上流渠壅閘今廢

猫山閘麻溪壩築後而上下盈湖之田益苦于江潮水灌嘉靖年間始築猫山閘至崇禎時鄉宦劉宗周增修之而潮水可禦上下盈湖田賴以有收

壩

臨浦壩 宣德中太守某築以斷西江之水凡以保全內地其半屬蕭山俗稱麻溪大壩而麻溪爲小壩云

麻溪壩 成化年間郡侯戴琥築于天樂鄉四十一都之地以捍外水之入而山會蕭三縣之患稍息崇禎年間鄉宦劉宗周余煌等增修之益盡蓄洩之利而民便之上有晏公廟

塘

狭猹湖避風塘（會稽善士張賢臣所築有記）湖周圍四十里傍湖而居者二十餘村舟楫往來之孔道也其湖西一帶尤子午之衝涉湖者中流遇風多淹沒而死明天啟年間有石工某者舟覆獲救免難髮爲僧立愿築石塘以避風且自斷其臂誓必成功募十餘年無百分之一抑臂以死崇禎間會稽善士張賢臣號思溪者聞而愍焉即鳩工築塘度自南至北長四千餘丈爲橋

者三乃罄貲鬻産以成之費石料工食六千餘金歷五載有奇而塘始竣自後波患既息舟得挽縴行而塘之内更饒菱芡魚蒲之利邑人感其德立祠于塘南置田歲祀之

七眼橋石塘亦張賢臣所築

五里洋官塘里人募修其塘益堅

中塘由西郭門至蕭山縣共六百里自湛然僧修葺後路久傾圮康熙年間邑庠生余國瑞號漁亦捐田四十畝銀二百兩同僧集宗竭力倡修遠近樂輸萬餘金八載功成刻修塘彙志詳載事實

丈午村塘在縣西北五十里康熙九年六月十九日被颶風霪雨衝倒二十餘丈日漸深濶知縣鍾祥高登先隨親詣督築不避風雨烈日身先作勞

至溺水中五閱月甫得完工自捐石料三千餘丈計銀四百餘金又因滲漏未止本縣復于康熙十年三月再詣督修取泥沙填實共用夫七千五百餘工給工食銀三百五十餘兩將內河填潤六丈有餘上造三官殿鎮之

堰

錢清堰　去縣西北五十里嘉泰元年置先是小江南北岸各一堰官舟行旅泝沂往來者如織今因築白馬閘潮汐不至乃去之以通南北運河

抱姑堰　去縣西北五十里內總大河外臨小江古人築此以障潮汐然低小易潰或有小水

遂致淹沒往來病涉宜用椿石疊砌庶免崩塌

南堰去縣一里　賓舍堰　董家堰　葉家堰

新閘堰洪武間改爲壩　蔡家堰　越王堰　沉釀堰

湖桑堰　三江堰　中堰

石堰並在郡城西湖塘上瀦蓄湖水今因湖廢俱改爲橋

白樓堰去縣西四里常禧門外堰西有則水牌

廣巖堰去府城西北官道上今改爲橋

吳瀝堰去縣四十五里一名王婆堰　漁後堰　鴨賽堰

西墟堰　蜀阜堰　華舍堰　姚衕堰

抱盆堰 並在縣西小江南塘上蓄泄塘南之水先因江塞俱廢今建橋

余家堰 並在西小江北塘蓄泄塘北之水先因江塞俱廢今建閘

三江門外堰 去縣東北七里堰之北有則水牌

甲瀆堰　**安昌堰**

附明劉宗周天樂水利議 山陰之西南接壤蕭山曰天樂鄉隸四十都四十一二三都凡四都世稱荒鄉而四十一二都之間特甚爲田三萬七千畝有奇計歲入不足當湖鄉五之一至有比歲不粒登者居民苦之故老相傳詩曰天付吾鄉樂虛名實可羞荒田無出產野岸不通舟旱潦年年有科差疊疊愁世世情多戀土空白幾人頭讀之可涕夫天鄉之卒爲荒鄉者非徒坐天時地利蓋亦人事之缺陷也按越中形勝千巖萬壑外趨東西兩江而北襟大海東江在會

稽外界不具論西江則自東陽發源歷浦江諸暨蕭山山陰至三江所口以出海往者山會中鑑湖以北皆潮汐出沒之區又有西江一水以合之故全越皆爲水鄉迨漢築南塘唐築斗門沿江諸閘入我明築三江大閘漸出而拒海海潮遂不得越三江一步而西江之水已包舉于內地矣夫西江積五縣之水包舉內地將驟決三江而不可得也勢必以山會蕭三縣爲壑于是宣德中有太守某者相西江上有開磧堰口徑達之錢塘大江仍築壩臨浦以斷內趨之故道自此內地水勢始殺獨臨浦以上有猫山嘴一帶江塘未築江流反得挾海潮而進合之麻溪橫入內地爲患叵測故後人復築麻溪一壩以障之相傳設有厲禁曰磧堰永不可塞麻溪永不可開凡以謀內地萬全如是或曰麻溪即指臨浦而言至今臨浦壩稱麻溪大壩而麻溪爲小壩云然自麻溪有壩一溪之水不得不改從猫山以合外江矣當春夏雨集之日山洪驟發外江潮汐復與之會有進無退相持十餘日

大鄉之民盡爲魚鱉安望此三萬七千畝尚有農事乎況又有旱乾以虐之是十年九荒信有如昔人所㸃者至嘉靖中始建猶山閘以司啓閉萬曆中土人復自猶山嘴至鄭家山嘴築大塘永捍江流不使內犯而內水仍不可以時洩其禍未解也夫此一鄉者爲三縣故而受災則亦付之無可奈何者也而豈知其事有不盡然者前人之策所爲覩其一未覩其二也今請遂言補救之策曰上策莫如移壩中策莫如改壩下策莫如塞壩霪何謂移壩麻溪之有壩也原以備外江非備天樂一溪之水也但三江未閘之先內地水患不常故割尺則尺竊寸則寸不免并置麻溪于度外及旣閘之後紹興于嚴萬坙同出三江獨多此麻溪一派流乎麻溪邇源趙家橋凡十五里踰壩入內河不過天樂都半之水以之均分三縣詎盈一滓又日夜通流以出三江萬不足爲三縣害則一壩之役何爲者乎而說者謂猶山閘不足恃所慮仍在外江夫猶山果不足恃莫若撤麻溪之壩移壩猶山

猶由承無衝決之虞而內地之萬金如故天鄉三萬七千畝一朝而成沃壤矣且壩下仍通霪口可以節旱潦其利雖不能普之三縣而天鄉獨受之洵稱天府之樂鄉故曰上策也何謂改壩越人久習麻溪永不可開之說以爲一開壩則三縣之禍不旋踵訛以傳訛迄于今日屢費當事苦心無已請從原壩稍改其制壩故有霪洞高廣四尺今弟加廣三尺高倍之爲通流水道遇雨集之日天鄉之水從七尺霪口約束而入其流有漸不至全河一決使內地有暴漲之虞需之數日潮汎漸平又可轉決猶山以去此雖于天鄉之水不能一朝盡拔乎而勢已少殺霪潦之患亦可減其六七故曰中策也何謂塞壩霪謂發壩與改壩均之有內地之虞者將必使壩外之水涓勺不入內地而後可則霪洞之設何爲者此霪乃壩內之民私開之以爲利者故其啓閉一聽之壩內潦則閉之使勺水不洩于內旱則啓之使勺水不留于外兔哉此一方民至此極乎今若遂塞此霪適還其故制而止

遇潦之日一方之民亦既甘受其禍矣遷旱之年猶得酌彼西江存此涸鮒而無如壩以內終稱不便也夫同一天鄉而處壩內者近有以此窪洞永無旱乾水溢之虞故荒郊已改爲樂土厥田上上而科糧則一體天鄉從下下以稍壩外之民可爲偏枯之極矣今但捐壩內之全利以紓壩外之全害酌盈濟虛香火之情何獨不然語至此而情愈出于無聊故曰下策也過此以往仍舊貫焉耳以土田日荒以人民日困以盜賊日繁以錢糧日逋斯稱無策將白頭之歎何時已乎雖然此特爲一鄉言利害而未及乎三縣之大利大害也三縣命脈全恃三江爲咽喉倘三江一決而不守何日之而三縣皆平陸故昔人曰越可決即如前歲亢旱河流盡涸農人艱于桔槔岌岌乎有秋之無望矣越雖千巖萬壑而水源出秦望以南不過二十里一雨即淹一亢即涸其勢然也幸而前人開積堰以通外江矣誠能加築猶山之閘令其堅好如三江啓閉每遇春夏以前用土築閘既堅壁以絕江

湖望六以後遇旱則啓使一日兩潮源源而入以畀灌三縣枯槁之田其爲利孰大于是即一冂地方有事至于失三江之險猶有猫山一路可恃以無坐困眞萬世之長策也

附天樂荒鄉詳院恤免碑記河南道御史姜圖南撰

曰邑誌山陰之田爲鄉者五荒者二曰天樂荒鄉曰江北荒鄉鄉之爲都者四十七有奇而荒者八天樂則自四十都至四十三都江北則自四十四都至四十七都天樂處諸鄉之嶺外壤最瘠受溪洪洎暨江小江浸灌二秋往往茀登輒江北爲甚成化郡大夫戴公琥決磧堰築麻溪于四十一都之地三縣江害似稍息然天樂壩外之潮壩內之溪洪害如故也余嘗過天樂周覽形勢見麻溪所爲二道一從猫山閘出一從壩之滛洞出全乎上下溋湖者四十二都也跨壩內外者四十一都也巖峑窒疊各自成患者四十都四十三都也由是觀之壩內一都半壩外兩都半荒蘇瞭若指

掌則天樂之荒原不因壩之有無而始名也嘉靖
泰與何公履畝定賦標五鄉四則灼玫壩內荒蕪
溪洪壩外荒蕪江潮故天樂四都列下下則焉凡
昔有事茲土者軫厥荒免徭减役著爲令先達祁
來咸有記迺以暨江爲征閩孔道　督臺檄山陰
建浮橋濟師諸里遞畀弗前爭援諉　閤郡而當事
以橋地坐天樂又刻期迫遂嚴促四都費不貲趨
命葢江波險濶巨艦爲梁環鐵爲維則經始難再
日蒸損潮汐衝潰浹年必修三年更造則經久難
更風急浪高漂碎不測歲籲橋夫二十四人以守
覩凡皆四都力役也　松交顧侯惻然憫念因會
議酌[illegible]具詳　兩院令天樂四都都畨值浮橋差准
蠲一切以恤其苦誠以荒都而膺橋差繁重業不
支何堪再困此亦萬不獲已之苦心也及後蘭汀
常公綰綬至荒民患胥奸弊以立石請　侯軫荒
都如顧侯力爲陳請　御史臺暘谷王公下　觀
察使介菴朱公轉下郡邑嚴舊例以報　御史臺
王公曰可其如例一切恤免勒之石庶胥罔奸重

洪磨數民用弗踰　公與　侯德懋哉
順治十四年歲次丁酉三月　日立至今康熙
十有五年里遞十　李枝王張季偉等具呈　本府
批入縣志永爲定制云

附江北荒鄉蠲免重差碑記本縣知縣劉應斌撰

記曰郡城北四十里曰四十四都江北之第一里
也襟山帶海土田斥鹵而磽瘠之最尤者也民生
其間旱潦頻呼守土者鮮時行軫恤而救荒無策
然亦將舉焉而不[illegible]前邑令錢君苦心擘畫
狀爲通盤打算荒都[illegible]全蠲免南糧重差并雜項
徭役著定刊書是蓋本諸縣志而例同天樂善政
之及民固如此
清朝定鼎民物維新里遞傳霖潘源等深慮牛角馬
草船夫雜差賦役紛擾向隅徒悲順治六年京控
蒙院趙　猥求勒石永誌前任顧君詳允在案久
未舉行余下車未朞雖不敢自期于古之循吏然
因民而施政有餘者損之不足者補之扶衰起敝

順其風俗之宜卽召諸里遞而詰其故咸以貧困交併艱于措石嗟嗟夫事止于自治而無外擾則止于自足而無爭奪則雖貧可以爲富困可以爲佚也一石幾何致前哲之嚴懲不克亟爲表樹而時久歲遷俾後之長吏湮沒無攷此又余今日之責也爰屬貞珉用垂不朽云

按江田貼近邊海洪潮泛溢鹹水衝入內河或淹漬于未種方種耕耨莫施霪雨連綿田渥易于登岸或蕩沒于將收未收腐朽殆盡且自湯公建閘之後水路離遠三十餘里水口必由馬鞍寺橋道西而轉河道繞山紆洄日久一遇水災春花秋實俱成畫餅又前山後海河道僅通一線每遇大道尤賜水未及何日其涸立待田屬沙磧禾苗易焦而二萬三千有奇之田僅抵 國課閘上官田一百二十畝凡屬錢糧帮費現年賠貼湯祠春秋二祭府縣祭閘往來公務柵廠俱現里承值 大兵征剿路由海塘修整圮塌患難勞費百金設立木都兩座墩臺置造蒙山頂馬鞍山中屋各五間駐

兵瞭望等係里遞供應苦難殫述具以本都[illegible]
下則二畝折一徭役悉從蠲免今至康熙辛亥年
本縣重修邑志里遞潘文丁同倫等又具呈
本府載入縣誌附水利志之末

附重脩湯公祠記弘文院庶吉士陳景仁撰

嘗聞
國有
祀典能以法施於民禦大災而扞大患者則祀之非此俱不在明禋之列甚矣薦馨香登俎豆而聖
王之制祀蓋誠慎重於其間也吾越自夫餘受封以來更數千百載然介在澤國巨浸滔天洪水衝決幾淪於鼉窟斂容民嗟鮮飽誰能障百川而下注導衆壑而順流哉郡侯篤齋湯公來守於越以民之傒溺爲已憂特置三江應宿閘計洞二十有八每遇霪潦輒爲開洩而水無泛濫之患人免昏墊之虞俾山會蕭山之衆得享安土而稱樂國者與神禹之疏瀹決排地平天地萬世永賴其功德殆相等也夫神禹之績在于天下後之人過河洛而思爲明德湯公之績在于三邑而可忘飲水原

源之義哉予以康應王寅請禮南旋而耆民周羨孝英潘淑王仁等以爲祠宇不脩歷有年歲而榱桷傾圮棟梁崩折垣墉未見其丹雘鳥鼠止聞剝啄行道之人顧瞻廟貌往往惻然傷之是殆非所以篤如在之誠而嚴思敬之禮者也因念應宿之閘未建而無涯滄洞觸浪排空何難懷山襄陵勢必盡室廬而江海之嗟乎非湯公而民不其爲魚哉夫神之有利於社稷降福於人民者則赫赫厥聲濯濯厥靈孰敢隕越戲渝以自取其罪戾予又聞邑有水災郡侯必齋戒虔恪躬詣神祠親爲稽拜展其肅將啓閘放瀉而後水勢始退則官斯土者爲民請命爲國裕賦兢兢於斯奚得曠職而貽素餐之誚乎靈爽在上鳩工庀材使重覩其巍煥再增其飛華金碧璀璨視昔時規制又加式廓而更新之豈可緩哉雖然肇禋肆祀者士庶之心崇德報功者朝廷之典今以公保釐奠安之烈大有造於三邑而享億萬年無窮之福祉者則異日必賡封錫之顯秩以酬厥勲庸者矣

府城諸河吾郡夙稱澤國形家者言謂水深土厚
始無祝融之災而民可安堵然市廛櫛比汚穢填
塞有年莫任疏濬之責崇禎癸酉鄉紳御史金公
蘭以宅鄰里居躬親相視以清道橋一帶直河自
直隸達昌安爲山會分界實一郡之血脈其淤處
則兵馬司前鮑家橋臧牖滙頭新巷口大慶橋大
雲橋木瓜橋市門閣降典里通市橋菓行縣西橋
頂備倉大善橋江橋爲尤甚其府橋直河一帶爲
古投醪河自水偏門以達西郭俱徃西興鎮之孔

道其淤處則拜王橋王儀橋作揖坊廉訪牌府橋新河前寶珠橋宜家河木橋爲尤甚其横河支流中則南司前道院前觀仁里獅子街東則鹽酸河會稽學前觀音橋都昌坊口府學前西則光相橋草貎橋嶽廟前淺深不等皆要地不可不濬公白於有司捐厚資倡諸紳袍文學及素封好義之士競相樂輸遴鄉者之忠實勤幹者分董其役計日課功踰月而水道悉通汪洋瀲灎舟楫無阻居人勒碑誌德稱公功在桑梓當與郡河共不朽云

三江閘近年失於修濬以致坍壞康熙二十一年鄉紳閣督姚啓聖捐資修築水可蓄洩田畝無災民受其惠至西江塘係山會蕭山三邑同界因本年久雨連綿遂成倒塌兼以海水灌入禾稻淹沒姚公亦捐貲鳩工費用浩繁一力獨任三邑士民頌聲載道見在議建生祠崇報功德永銘不朽

奉天府府丞姜希轍重修三江應宿閘碑記吾紹郡三江應宿閘之建也旱爲畜淹有洩啓閉有則山會蕭三邑之田去汙萊而成膏壤者富順湯公之賜也水齧石罅久之罅漸蹝水益駛以次剝蝕有岌岌就圮之勢越五十年而宛陵蕭公爲之沃錫以塞其内甃石以蔽其外視昔稱壯觀矣再五

十年守道林公以鹺使張公之命親董斯役倍加固焉大率相距五十年則堅者必隤而修築之功不能已其庀材鳩工或課之田畝或括之羸羨或捐之俸秩陶莊敏張文恭余學士記之詳矣嗚呼是皆守土者之責而鄉士大夫之所共憂也比年水旱游至復患漏卮旱則易涸潦則潰浸諸父老咨嗟告語蓋以時考之亦及其期矣辛酉壬戌間西江塘沒三邑田畝再歲不登民力告病當事者義典工役踟躕未決大司馬憂菴姚公于同里人也時方總師閩越一聞輿論慨然以斯役為己任而并有事于西江走札于予謂水得順從閘出不得橫從塘入以為我父母之邦憂即推力是視竊所願也公賦性慷慨戮力疆場為聖天子東南倚重之臣日討軍實而問罪於波濤震蕩間乃能顧念維桑不遺餘力如此哉蓋公之忠公體國與敦本篤親其心若一故聯招撫敵愾靖亂安邦如其身家之事蓋志之所至力無不殫也于是嘆公之度量弘遠為不可幾及矣公之介弟候選別駕君

起鳳屬員候選縣令張君錆受公委任來董其事吾仕紳之在籍者侍御余公縉主政何公天寵大參陳公必成咸精思慮勤覲履以協助之九月之望郡侯王公有事于神而興役焉再易朔而告竣凡用夫匠以萬千工計灰鐵以數萬鈞計竹木以萬頭計買田起土以數百萬塘計昔之築堤以衛塘也內外各二今則內外各一爲費較省昔之補罅也先下而後上今則先上而後下爲期較速斯固董事之授方任能而致有成效也耶是役也秋濤彌盛入冬而砰磅澎湃之聲猶聞數十里議者爲工未易舉今且落成而典頌焉非公濟物之懷協于於穆神陟降而式憑之烏能致此同里諸大夫不以予言之不文將勒之碑石非敢曰足以記公之功於不朽聊以慰父老惓惓之意云爾■山陰庠生金炯重修三江閘西江塘記吾越素稱澤國東則三江閘之蓄瀉西則西江塘爲屏藩由來舊矣三江閘於明崇禎時修葺迄今四十九載洞皆傾圮西江塘起自臨浦歷傅家山極於蕭山西

都以至諸暨界當八郡之下流受三浙之衝激一有汎溢山會蕭三邑俱屬沉溺自洪濤沖齧加以霪雨連旬滔天巨浸塘口盡倒田禾不收饑饉交困民勿聊生父老相傳皆云數百年未有之慘禍故患塘弗治必至横流復發災荒癸告壯者流離載道老稚枕藉溝渠因而游手之徒競爲擾奪山澤之氓肆行剽掠斯時仰欲救饑而饑弗可救欲弭亂而亂亦難弭守茲土者郡侯王公山陰邑侯范公會稽邑侯王公皆蒿目時艱殫心利濟思於獨力之難成即吾邑之仁人君子念切恫瘝思所以拯救之而補苴罅漏因循未果終嘆于無可如何而已惟我大司馬憂菴姚公篤於桑梓饑溺爲懷遂毅然而言曰匪異人任是誠予之責也公以熙朝元老盛世偉人[illegible]簡而底定東南使兩浙之山川復歸版籍七閩之疆索重隸輿圖功業彪炳煥於旂常而著彝鼎者天下咸景其勳猷史乘悉載其謀畧且椅清海氛俾不揚波非公之運籌帷幄決勝萬里烏能使海隅日出之鄉咸奉冠帶稟

正朔而聲靈詠濯有以致政教於■■哉夫惠既
及乎遐遠之地而恩宏均夫父母之邦俾三邑得
享于安上萬姓息奠于其魚恩司再造功在千秋
非公擴好生之心推如傷之量奚克致此抑哉惟
是以浩繁之事而膺艱大之任惟內存誠實之念
而外負經濟之才始足勝任而無慮介弟別駕雲
從公痌瘝一體守正不阿承我公之命以爲閘之
外係海閘之內係河二水汪洋上下浩瀚必築河
海二壩而司始有成於是度材鳩工晝夜勿息其
所需用之物不可以枚計炯見數洞內有人物若
下而桔槔之聲使水盡涸忽而風雨驟起震動淵
湃水仍涌溢雲從公對天籲禱大聲疾呼有能奮
力涸此水者重爲賞賚于是百工欣然赴之而水
勢即退是時雲從公不避艱險不恤軀命至誠感
格上回彼蒼而旱潦獲藉蓄洩室廬弗致漂流田
畝可免沉没者已今歲之禾稼有秋民慶豐穰賦
稅無缺人樂輸將誰之賜哉誰之賜哉至如改建
湯公祠宇鳥革翬飛廟貌巍峩其耀闕井亭天妃

宮俱重創之稍費不貲故能威靈有赫俾四方之人并知我公敬神恤民之至意爲能相與於無盡也雲從公又謂閘之所由圮陷者在於葺治之無需特置田數十畝以贍閘夫之匱乏而使其得盡力以任厥事則經久無弊之道何其綢繆未雨先事圖維洵所云吉人爲善惟日不足者哉至夫西塘綿亘延袤計五十餘里併倍塘之馬路其爲修築也更難功費甚繁每日役及千人若麻溪壩茅山閘石梁橋或爲創建或爲修葺而諸水得以安流蠡城千萬户不致友魚蝦而伍蛟龍則是我公之功德殆出于尋常萬萬也而雲從公潔已愛人詳審精密左右贊襄之力其勞勣昭然在人耳目間自有其不可泯滅者少京兆定庵姜公率先衆紳躬詣江干商酌衆務而使計出萬全算無遺議當狂飈驟雨嚴霜皓雪之時駕小艇而冒行冐饑寒以露處與憂庵公先憂後樂之念不殘等量稱齊觀耶炯及家季雪洲目擊其事至張君彗身董修閘之役無怠厥功不敢言瘁豈非獨丞

難濟衆任者易舉哉所以三邑之民頌聲洋溢衆口一辭以爲非公不足以生我而養我俾難成之績奏于一旦莫大之功聚于一人將覆載之德怙恃之恩共垂奕世于不朽矧夫公之加惠于梓里者何可殫述覩學宮之荒蕪而首葺會稽文廟煥然改觀應天塔爲文筆峯有係學校特重建更新踵事增華而府庠及山陰之黌宫亦將次第修舉勤樸斵以塗丹雘焉又聞散財粟而給宗鄰施衣纊而賑貧乏此文公之睦族仁民彰彰足紀者竊思我越以千巖萬壑之秀篤生我公而公能建百代之鴻猷豎萬載之偉烈是役也殆與湯公之建閘三江馬公之築堤鑑湖並峙爲三永銘金石者耶然痌之所致祈于我公如百穀望陰雨之膏而我公之所敷錫于都人士者不啻慈母之于赤子噢咻而撫育之惟恐稍拂其情以損吾顧復之恩而已若夫北塘之增修無患海潮中塘之議葺以便行旅義產之建置惠周煢獨學田之捐立恩洽單寒此數大事衆人竭蹶而勿能者不又煩我公

之深仁厚澤而令四境之黎庶俱喁喁然欣欣然樂有更生之慶乎哉〔瀘州州判陳有謙詩四首〕淜湃潮聲洞地來雲迷霧宿夕陽頹試從闊口頻瞻望白浪排天起迅雷〔又〕江水滔滔不斷流森森樹木鬱三秋於今險阻消除日跨見謳吟起道周〔又〕潮落魚龍夜月寒爭流萬壑慶安瀾江鷗白鷺交飛處綠柳長堤靜裏看〔又〕開府關疆佩玉珂東南海水不揚波維桑念切悲淪溺萬戸欣沾雨露多

〔文學薛景運詩六首〕一自漂流蕩室廬寒宵苦雨嘆離居西塘依舊春風好贏得農家帶月鋤〔又〕鑑水和風送晚涼清波處處映垂楊登高一眺空無際綠野欣看稻色黃〔又〕若耶溪畔種桑麻百里湖光泛暮霞幽壑潛蛟春睡穩自茲不復走汪洋〔又〕三邑人民頌二天榕城遙接五雲邊爭看此日河渠志太守湯公喜並傳〔又〕爽氣橫秋萬象澄芙蓉含笑露華凝黃橙綠橘家家熟又報溪邊採紫菱〔又〕春花秋月滿稽山笑數乾坤指顧間司馬聲名同日月定知香案例仙班

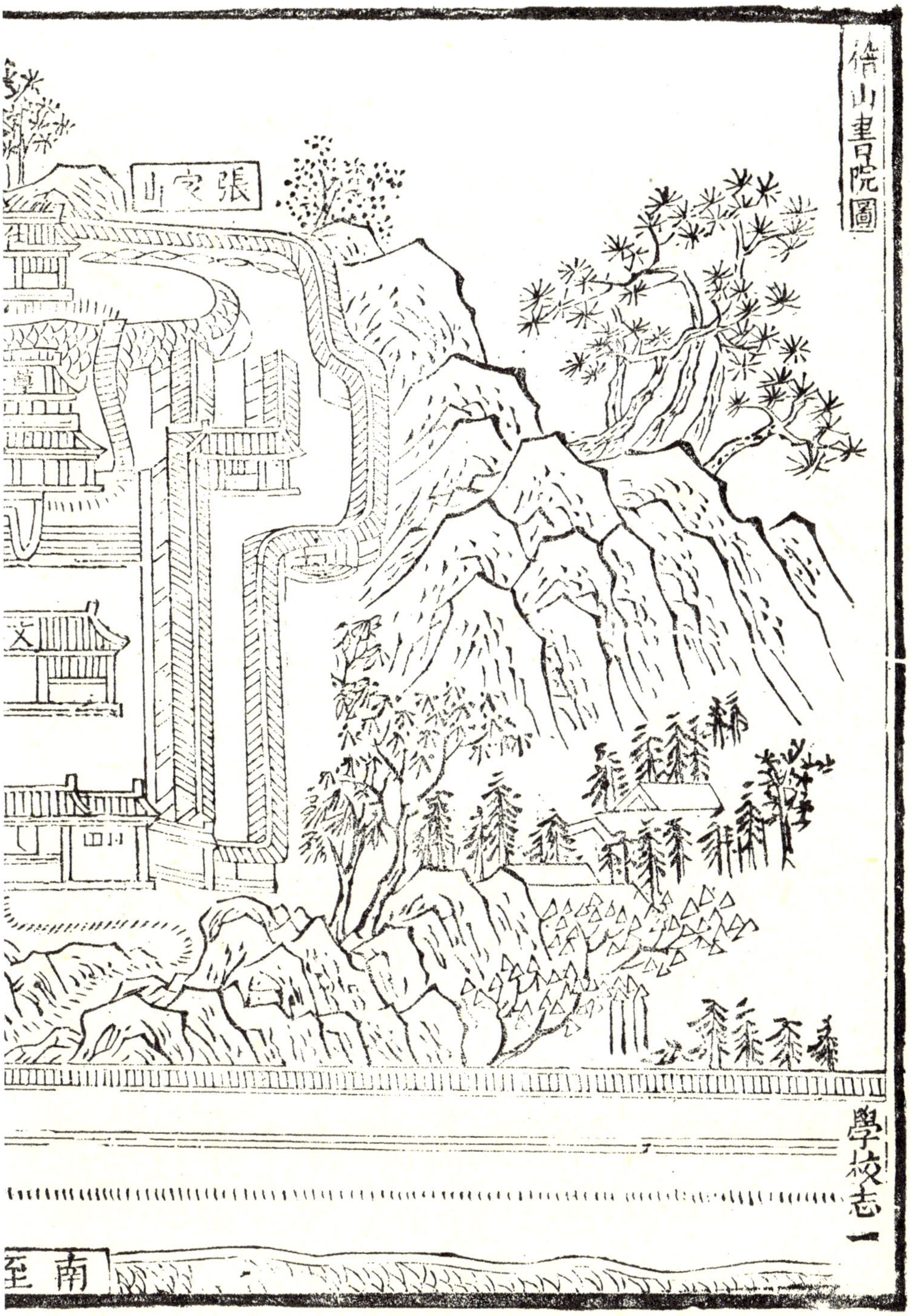
蕺山書院圖
張安山
文
南至

西至王公池
書院門
公祠
經閣
街

山陰縣志卷第十三

學校志

學制　祭器　典籍　書院　社學　崇祀

國家右文崇儒郡邑無遠邇大小靡不立學校明禮教者矧山陰文獻地乎詳其事而紀述之俾職司知所重焉紀載之辭雖繁而不殺者存制也制備而教化之次第可考而知矣書院者所以輔翼爲教而社學亦其始基也故附書於左亦曰待人而行爾

補　學校之設匪以爲文而已明制凡百職之官非出自科目者不輕舉用學校亦綦重哉古者立教必先三物六行以鄉祭酒廣其教亦能使一鄉嚮化況官爲學師有訓廸之責而可弗亟於育才興行乎然擇名師以端士習先躬修以厚化源尤從長吏始

學制

學制與治道相爲隆替自唐季五代喪亂學官盡廢宋天聖初始命藩郡立學而州縣之學尚未興

也慶曆中范仲淹輔政議興州縣學而卒不果行崇寧中乃著爲令詔縣學以時選試升其尤於州學凡縣學設學長學諭直學齋長齋諭各一人生員五十人山陰始肇學於城西南隅（在縣治柴場坊陽堂山東北今仍宋備不易）以處多士學官旣設教養選試之法於是大備嘉定十六年縣令趙汝駉重修之詔捐緡錢三十萬以助其費元至正年間縣令賈棟達魯花赤定定君輔復增葺焉（備載李孝光孔瀛劉基記中）季年燬於兵燹寓諸生於邑之稽山書院明興詔廢直學

齋諭諸職乃建教諭一人訓導二人吏一人廩膳生員二十人附學生員無定額洪武二年詔重學校及鑄設科分教令式於學仍降臥碑制書頒鄉射禮儀于學宮時學舍尤廢不治十一年知縣撤都會丁始即故址大新之成化十一年郡守戴琥購民居以拓其制載陸淵之李東陽記中弘治九年知縣李良重爲裒廣學基深廣詳載疆域志本學廟門別有碑圖建明倫堂正德間知縣顧鐸嘉靖初知縣吳瀛復購民居以闢故址載王守仁記中嘉靖十八年知府湯紹恩移鮑[illegible]

君祠拓地以開障塞（祠舊在戟門之前）隆慶元年知縣楊家相復加崇葺（具所撰記）視昔益加宏濶矣萬曆二十四年山陰縣令耿庭栢重修山陰縣學大學士朱賡撰記天啟五年殿廡復圮山陰令馬如蛟修之煥然一新又建文昌閣於集賢門内

國朝順治四年啟聖宫傾頽署縣陳本厚增修之康熙二年殿廡明倫堂盡頽會稽學貢生劉匡之捐貲數百金本學廪生沈麟趾等力爲修復康熙七八年殿復壞山陰令湖廣高登先捐俸重修教諭

高基重暨劉匡之沈麟趾再襄其事本學貢監虞卿助貲百餘金乃落成自是科貢彌多英雋之士論人才者以是學爲首稱焉

先師廟居學宮之中三間後壁有登科題名記左右爲兩廡各十間舊有像今革用主歲春秋釋奠少殺郡學儀由甬路而南爲戟門三間門之左爲名宦祠鄉賢祠三間門外爲泮池又南爲欞星門門之左爲學門三間門內折而東嘉靖十年知縣劉昺奉制剏建啓聖公祠三間祠門外差北爲明御製敬一碑亭 先師廟後

爲明倫堂三間再後爲會膳之所歲久就圮堂之左
爲克巳齋後改富有齋三間齋右側爲學倉五間堂之
右爲存心齋後改日新齋三間由齋之左折而北爲
射圃圃有亭三間左右列諸生號房各六間其教諭
廨在于明倫堂之東而訓導廨一在啟聖公祠後
一在會膳堂之右北各有門有廳有寢室總三十五間
元至正二年重修山陰縣學孔瀛撰記紹興之屬曰山陰傳
郡爲縣始未有學宋崇寧中肇度地于城之西南
隅以處士子當玉笥之陰鏡湖之陽山川面勢衍
曠秀鬱其弟子員恒數十而祁國正獻杜公由是
而出焉然其剏始簡陋又附于郡庠無崇大之規

且力不能爲崇且大也故其殿堂齋廡湫隘爲甚江南内附浙東憲使東萊王公　徹而新之視昔既有加焉閱數十年風雨漂剝甍棟騫圮未有能起其廢者至元乙卯縣尹賈侯文秀重建講堂餘皆未竟俄而以代去再更尹而得今賈侯既謁拜先聖顧瞻咨嗟大懼失墜教基弗稱厥職乃命縣博士薛輝度庸掄材庀工而經營焉廩稍不足則捐己俸爲士民率先人咸樂助而勸成之經始至正元年冬十月告成于明年夏五月禮殿論堂巍然翼然儀門泮橋以閎以穹齋廡增起庖湢具修繚以周垣樹以嘉木土田之歲入者疆理之汙萊者修闢之其爲學校計甚至也既訖事博士輝書來求記于余余謂縣附郡而郡既有學矣昔之人必縣爲之學豈不以守令爲民師帥而學校所以基化原不可誣諸郡既有學而縣可不務也今賈侯下車首議興廢補弊使邑之人士藏修有所廩膳有資相與陶冶率性道于其中而凡民亦皆使其趨慕而不爲無學之俗其無愧乎師帥之職矣

誠求允蹈以無負邑大夫興復之功期在乎士自勵焉耳侯名棟字士隆眞定人廉明敏惠政事具有嘉績兹不得無書也

元至正五年修山陰儒學李孝光撰記

古者教民以爲治後世則治之而已耳所貴乎教固以能使民躬行孝弟忠信之行而不失其性之本善是故政陳而不犯刑設而不用周官以鄉三物教萬民夫既曰萬民是舉天下之民而教之也仁聖忠和焉得人人學而至加之行修而藝精雖有子貢之辯季路之勇不能復進於此今使上自國都下至田廬之民無不學學無不習不已難乎是不然夫楚人可使齊語者習也當是時教素修學素講凡民内事父兄出事師友取其詁言觀其行事幼而濡染耳目長而被服終其身未有不由此者矧夫賢智又皆被推擇布列在位有所風勵彼有學而不至雖不得與賢智並亦既飫聞其說而喻其意矣此與不

教者孰爲愈弟令爲善者什九爲不善者什一其不爲善者有政以待之此先王所以收教民之效刑獄滅而頌聲作教之巳久也刑民彝固然自秦滅學其法遂壞至漢興久之始除挾書之律孝武時黜百家之言勸學興禮雖法度粗舉然教民之制不復修由唐及宋學制漸盛推其所教非復古者教之之意而士率試詞藝以利仕進欲其如三代盛際延之於道德之途游之於仁義之域使皆有以成德制行以爲國家之光則未也元世祖皇帝既有天下詔郡國樹學民占籍弟子員者抜其賢儁而用之蓋復治古之制矣是時郡縣方興庠序之事山陰縣學在故縣南故宋時丞相衍少嘗受業其中及巳貴一爲修樹至是始復起其後有司歲修之尋卽摧圮至正五年監學縣廉君從政來謁拜學宮周視嘆曰我且修學校之政校室其可不修乎卽日率吏止廟門下鈎計功賦又出圭田之粟爲錢五百緡以倡教諭徐謙者士趙由鏞使督其成謙亦捐所食粟五月訖于是首孔廟

及講堂大門東西廡次第以修凡神棲以及祭器列戟之物無不具作更作齋廬以舍弟子又作亭泮水東以爲游息絃歌之地外起垣墉以繚之縣尹趙思道至益趣其成乃議致文學之士助教其弟子事寖有緒耆艾若干人屬爲記之余以謂今之有司徒迎上意至則絺繪神位冊簿墻屋以示觀美竊取典學之名居之而不疑惡知教必本誠正爲之基以化民成俗直易易耳矧朱子講求修己治人之學詳密周徧廣大悉備循而行之其功已倍患不知所以教徒誘曰空言將何益哉今從政志在教其民推是心足以爲民父母矣

元至正年間重修山陰縣學劉基撰碑

生民以來集大成而聖者莫盛於孔子有天下之廣者莫加於我元世祖皇帝混一區宇在內則立胄監在外則府州若縣莫不有孔子廟而學宮附焉廟以崇孔子之祀學以施孔子之教孔子之道於是大行彌覆載而

無間於戲盛哉古未有也山陰爲紹興屬縣舊有廟學興替靡常於是浸就廢墜莫能有拯者今天子統承丕緒思振廢弛責成效以揚祖宗之大烈乃命宰臣以下各舉良能爲天下守令而以興學校爲考績之目而同知樂平州事定定以令選爲山陰縣達魯花赤君至首謁廟詢學事大畧無以稱上意亟圖治之適海淮寇迭發吏民方洶湧奔走供戎事不暇衆咸以爲難君曰學校所以明教化教化不明彝倫攸斁而後盜賊生焉豈無故哉吾聞植顛木者必築其根人有疾病湯藥雖所急亦不以廢食其可以荊棘廢教化哉時教諭方鈌員乃詢于衆舉儒士黄本攝學官事出俸錢俾修飾其廟宇以及學舍自梁棟榱桷至于瓦甓之毁弗式者咸易新之於是傾者立衰者正隘者豁鈌者完卑者墱危者固擔甍墻壁丹垩有輝幃幔器用無不備具君曰此特觀美耳未及實效也乃適豪右所占田悉歸而徵其入以爲弟子食擇老成以爲之師俾鄉黨之俊秀咸入學肄業越朔望而

謁禮畢集生徒講經術論道理開陳孝弟忠信觀者莫不喜悅以爲教化之有成於茲縣也縣之人相率來言于劉基請敘而勒諸石基嘗歎今之從政者率多尚文具而學校尤甚能治其實以欽承天子意者葢不多見也若定定君之令山陰獨知所先務矣黄君又能相而成之是可嘉也敢爲述其事而繼以詩定定君字君輔畏兀氏黄君字中立紹興人詩曰大哉孔子萬世之師明明學宫教化所基聖神御極於皇緝熙大道之行允也其時人存政舉曷問隆卑一邑忠信四方則之立政維君奉宣維臣教毓既均靡獷弗馴能知所先是曰賢令勒詞穹碑瞻者起敬

明成化十三年重修山陰縣學文廟陸淵之撰記

重建山陰廟學者吾郡浮梁戴侯也學始於宋崇寧中當郡城西南偏有鏡湖玉笥峯之勝中更廢壞前後爲郡縣者屢加葺焉以湫隘之甚布列無次弗稱具瞻也侯下車覽之興歎既三年適右方

伯杜公提學憲副胡公至亦皆以是言命邑令盧陵蕭君惠董其事初址僅四之二傍有民土從其願以價收之而士民有尚義者相之方廣可以規畫於是乎次第而鼎新焉經始於成化乙未春正月越二年丁酉仲冬落成禮殿四周以石柱與左右廡皆靜潔尊嚴神有所棲明倫堂兩齋諸號舍亦皆整然修好而倉庫無復逼講堂饌堂無復壓西齋欞星門無復枕民居行道無復侵渠水去卑爲崇脫塉爲明改汚陋爲弘敞教諭番陽嚴君彪僉謂侯之功與作者等不可以無述故記之嗚呼學校之設尚矣詩書禮樂彝倫教化胥此出焉明朝稽古右文於兩京國學外無一郡邑無之豈徒然哉而爲之師者或未能知所以教爲之弟子者或未能知所以學古人謂舉業未盡學者事而世之師弟子能以此相磨厲則賢矣况利援予益重可悲也師道立而善人多師有曰吾果能師乎豪傑之士雖無文王猶興弟子有曰吾果能豪傑乎如是則九重寤寐之意爲不孤矣然其機在爲政

者之轉移也何也待之厚責之隆動之以至誠彼將曰我何以塞其意哉必甚不肖者然後塊爾不動其動者恒十之七八也待之不厚責之不隆動之不以至誠宜學校之未振也侯來首興學校政暇即詣學公課試嚴勸懲慨然欲敦復古道變化風俗其於賢師弟子有以待之有以責之有以動之矣自茲以往將誰任其咎哉雖然宋杜祁公亦是學弟子員也嘗病浙人柔弱不知今日士氣視祁公時何如其必於舉業之餘以七分工夫從事于古學如紫陽所論相與引導輔翼羣然樹立爲來日擔當天下堯舜君民之具以無負侯之心可也易曰天行健君子以自强不息敢爲諸君誦之是爲

記

成化十三年修學李東陽撰記

成化乙未春正月知紹興府浮梁戴廷節重修山陰縣廟學越二年丁酉成先是學舍湫隘縣人周侯鈍倡于鄉士圖以私財修之既而

有長沙之命未果也教諭嚴君彪實告于戴侯侯曰噫惡可以壓我大夫士是惟我責其不可以緩乃取于官之贏者若干緡庀會財物而後從事分屬吏士而躬督戒之闢地崇址務加于昔殿廡庭陛堂室廨舍以及囷庾庖湢之類皆出舊規而增新觀越既竣事乃大會僚士燕于其堂而落之周侯聞之喜曰是惟吾大夫之德其在我者亦不可以後乃因國子生向君種貽書于余俾記成績刻石長沙沿江踰浙而致于山陰之學焉夫學校者凡以設興教化爲務學必有廟以尊顯聖道示教化之所自出士之所以感激趣向以成其學者亦於此乎繫政之大不可闕者然以今天下地方萬里人才不可殫計其勢莫能遍故千數百里之府若州百里之縣莫不有學縣之隸府治者則並置焉雖繁且複不以爲過法亦備矣紹興之境有縣二山陰會稽三學並置人才科目于斯爲盛戴侯首舉鄉射禮于府學又拯縣學之敝起而圖之左右經畫汲汲若不暇此其爲政非簿書條格比也

夫物久則敝，法久則弛，情久則玩，天下之同然也。故修于將敝者其功易，救于既敝者其功難。至籩豆幣爵之儀，獻奠歌舞之節，皆所以事乎廟；衣冠典籍之數，升降揖遜之序，啟廸程校賞罰黜陟之令，皆所以事乎學。及是時灌滌振厲，亟起而並新之，躬行以倡于上，允蹈以從于下，持久以要乎其成者，是非其慎終維始之幾乎？余聞御史陳君直大言戴侯嘗以勤恤有古良吏風，興廢舉墜，此其大者。猶廟學之言不誣矣。周侯吾賢大夫，政教明肅，嘗爲福州，有遺愛在民，又能先意鄉學，不遺二郡侯之德，皆可書也。初戴侯圖鄉射於府，余用推官鄭君宗誼請爲記，且於周侯猶侯之於戴侯也，進爲感其義而書之。

嘉靖二年重修山陰學王守仁撰記

山陰之學歲久彌敝，教諭汪君瀚、訓導熊君新、劉君鳳鳴以謀于縣尹顧君鐸而一新之，請所以詔士之言于予。時予方在疚辭未有以告也已而顧君入爲秋官郎洛陽吳君瀛來代復增其所未備而申前之請昔予官留都因京兆之請祀其學而嘗有其說矣其大意以爲朝廷之所以養士者不專于舉業而實望之以聖賢之學今殿廡堂舍拓而輯之饌廩條教具而察之者是有司之修學也求天下之廣居安宅者而修諸其身焉此爲師爲士者之修學也其時聞者皆惕然有省然于凡所以爲學之說其猶未之及詳焉夫聖人之學心學也學以求盡其心而已堯舜禹之相授受曰人心惟危道心惟微惟精惟一允執厥中道心者率性之謂而未雜于人無聲無臭至微而顯誠之源也人心則雜于人而危矣僞之端矣見孺子之入井而惻隱率性之道也從而納交于其父母焉要譽于其鄉黨焉則人心矣饑而食渴而飲率性之道也從而極滋味之美焉恣口腹之饕焉則人心矣惟一者一於道心也惟精者慮道心不一而或二之以人心也道無不中一於道心而不息是謂允執厥中矣一於道心則存

之無不中而發之無不和是故率是道心而發之於父子也無不親發之於君臣也無不義發之於夫婦長幼朋友也無不別無不序無不信也是謂中節之和天下之達道也放四海而皆準亘古今而不窮天下之人同此心同此性同此達道也舜使契爲司徒而教之以人倫教之以此達道也三代之學皆所以明人倫明之以此達道也當是之時人人君子而比屋可封蓋教者惟以是爲教而學者惟以是爲學也聖人既歿心學晦而人僞行功利訓詁記誦辭章之徒紛沓而起支離決裂歲盛月新相沿相襲各是其非人心日熾而不復知有道心之微間有覺其紕繆而畧知反本求源者則又鬨然指爲禪學而羣訾之嗚呼心學何由而復明乎夫禪之學與聖人之學求其盡心也以天地萬物爲一體也吾之父母親矣而天下有未親者焉吾心未盡也吾之夫婦別矣長幼序矣朋友信矣而天下有未別未序未信者焉吾心未盡也吾之一家飽煖逸樂矣而天下有未飽煖逸樂者

焉其能以親乎義別序信乎吾心未盡也故於是有紀綱政事之設焉有禮樂教化之施焉凡以裁成輔相成己成物而求盡吾心焉耳心盡而家以齊國以治天下以平故聖人之學不出乎盡心禪之學非不以心爲說然其意以爲是達道也者固吾之心也吾惟不昧吾心于其中則亦已矣而亦豈必屑屑於其外其外有未當也則亦豈必屑屑於其內斯亦其所謂盡心者矣而不知已陷於自私自利之偏是以外人倫遺事物以之獨善或能之而要之不可以治家國天下蓋聖人之學無人己無內外一天地萬物以爲心而禪之學起于自私自利而未免於內外之分斯其所爲異也今之爲心性之學者而果外人倫遺事物則誠所謂禪矣使其未嘗外人倫遺事物而專以存心養性爲事則固聖門精一之學也而可謂之禪乎哉世之學者承沿其舉業詞章之習以荒穢戕伐其心既與聖人盡心之學相背而馳日騖日遠莫知其所底極矣有以心性之說而招之來歸者則顧駭以

爲礭而反仇讐視之不亦大可哀乎夫不自知其爲非而以非人者是舊習之爲蔽而未可遽以爲罪也有知其非者矣藐然視人之非而不以告人者自私者也既告之矣而猶冥然不以自反者自棄者也吾越多豪傑之士其特然無所待而興者爲不少矣而亦容有蔽於舊習者乎故吾因諸君之請而特爲一言之

萬曆二十六年知縣耿庭栢重修儒學大學士朱賡撰

山陰學宫在郡城之西南陬北擁卧龍南屏秦望而鑑湖中千巖萬壑悉羅拱於櫺垣之外蓋居然洙泗之勝云嘉隆以來日就傾圮博士弟子肄業其間者願更新之久矣而歲役用詘莫克脩舉屬邑侯新城耿君庭栢視學慨然身任其責割俸出贖以經始之而侍御馮君應鳳捐槖裝爲鄉士人倡於是諏日之良鳩材庀工凡榱棟之蠹者易之甍甓之缺者補之丹堊之浸漶者飾之

自禮殿堂室以迄廡廨庖湢坊垣之屬無不煒然改觀其爲費官處十四私處十六而侍御實處三焉凡若干緡諸生某某等徵余言紀其事余不敏無甚高論請以故時所聞於先進者爲諸士誦之吾夫子之道載在六經其教人大端不過父子君臣兄弟夫婦朋友五倫而已其教學次第不過博學審問愼思明辨篤行五事而已然而孝弟慈通於家國淡簡温臻于篤恭其究至于賛化育而參天地是知庸行非粗性與天道非精身心非近家國天下非遠舍踐履而談覺悟遺本實而語事功非聖人所以爲教也乃今之學者可異焉獵墳典之疑似以誇博襲佛老之口吻以稱奇目未窺古人之糟粕而直指元微足不履古人之階梯而捷升堂奥語以下學之事不曰迂儒則曰俗學而誚復信之學術如此就使眞有超悟猶不足以治天下國家而又況藉手媒進并其所談者而弁髦之乎嗟嗟世運關乎士風夫豈細故而比比如是國家其奚賴焉朱子有言聖賢教人之法具存於經

豪傑之士苟知其理之當然而責其身以必然則豈待他人督之而後有所持循哉自今以往願五黨以豪傑自命者式聽新構一洗舊汚文必根六經寧實而不濫于浮行必惇五倫寧朴而不滑于譎功必循五事寧漸而不速於化業必參三才寧迂而不近于名一人風之而一邑嚮一邑風之而四方嚮將使後之紀邑乘者曰人文再盛自今日始又使後之司世教者曰學術復明自山陰始則吾邑即今之鄒魯而侯與侍御亦永有令聞哉葢余在事時嘗用斯議陳于上申飭天下之爲師弟子者不啻詳矣故今不能更端而復理前說以望於鄉之豪傑之士雖或蒙迂且俗之誚所不辭焉

康熙七年知縣高登先重修山陰縣學記

建學爲名乎爲實乎必曰爲實也古者天子立辟雍又兼四代之學下及郡邑復遂有序黨有庠家有塾學校之制如此大備也然而學愈多而教愈修歲釋奠不啻五六焉擇師爲之訓分經爲之習而且日省其德

月課其業以至賓賢興能憲老乞言之典燦然具舉若是則上自君公卿大夫下至貴賤家子弟無一人不入乎學四時朝暮無一時不處乎學而翼翼宫墻又焉得頹圮乎沿及後世薄詩書而茂文教存學之名失學之實邑不過立學宫一有司及秉鐸之長僅春秋釋菜朔望致拜焉以至師不識其弟弟不識其師學士之版籍徒記姓名而已於是廣文以齋署爲寒氈弟子借芹遊爲假道廟庭廊廡風雨爲之飄揺鳥鼠爲之穿喙俄焉而棟折榱崩矣俄焉而鞠爲園蔬矣又安足怪哉山陰爲八邑首邦自 國朝以來人文蔚起科名鼎盛學校之爲功也如是弟以閱歲既久而宫殿墻廡漸次零落曩令玆邑者亦屢思振舉矣弟以工費浩繁創始維艱每因循以待後人然使後人復待後人學校之典也其何日哉某自下車以來期以隆教化育人才爲首務每朔望詣謁見廟貌未還舊觀蒿目者久之會好義士劉子匡之虞子卿願傾橐貲相助余遂稍捐薄俸力興斯役而廣文高君

葺重文學沈子麟趾共朝夕董厥工焉始于康熙戊申之八月落成于己酉之二月堂廡爛然斯飛斯革視昔時規制又加輪奐矣又師舍向儳民居以處高君自出鏹金卽訓導齋基而稍葺之自此講肄有寧居而絃誦無作輟多士涵泳其中元元本本日究月研將見教化以之日興人才以之日茂矣時升之司馬布之百職小大各得其人咸謂上之出于山陰也如此山陰士之盛于修學之後也如此則斯役也洵乎爲實而不爲名也夫

題名碑在聖殿之後明倫堂之前成化十二年南京大理寺卿仁和夏時正撰記（儒學登科題名碑記）洪惟高皇帝六龍初御時天下甫息干戈卽詔建學興賢立師掄秀而教之教以五經四書教以孝悌忠信禮義廉耻教以禮樂射御書數守

令時其考閲以要其成其取之也必以經明行修非此不取斥去浮文必求夫眞知實踐而於百司庶職之官非科舉士不用仰見篤意賢才政急先務創制立法眞與成周以鄉三物教民而興其德行道義同一揆也夫賢才治平之具也上天生之後之君用之俾安斯民法天啟運以承天心作君師以風四方而四方亦既風動丕應徯志矣而于鼓舞振作之機則又畀之守令以俾收其成效焉蓋將盡四海而囿之以至千萬斯年無一人不在甄陶化育之中所以貽之子孫者宏且遠矣抑嘗因是以求夫禮義廉恥之說也昔齊管仲頗嘗舉以告桓公而不能用何幸千載之後昭爲皇極之敷言永爲治世之典謨歟惟禮義德之大而廉恥其節目宜若小然也然人之志有所止而不前事有所憚而不爲非廉與恥不能也然則取廉恥以惕厲人心則中人以下此非藥之瞑眩也乎是宜敷言之訓細大不遺必使資質庸下者亦得企而勉焉於是其所被也溥且博矣自是以來仁漸義

洽百有餘年養之無不成用之無不興至化行于道明萬邦寧而凡承流宣化者顯膺乎德意猶烝烝其未艾也山陰紹興屬邑之壯也山川秀鍾人文代興而以科目進者至我朝尤盛然于題名則未之前聞太守浮梁戴侯謂是政教所關不可使終闕不舉也乃用謀之寮寀若同知黃侯通判齊侯推官蔣侯咸曰宜之於是稽之載籍採之賢文通計若干人將以登之貞石乃來告曰代遠人更寧無遺佚姑爲記之余惟士而明經脩行孰不欲際所遭逢而孰有如今日右文之盛者哉夫旣登名薦書亦且錄行四方而茲復遇賢守圖其不朽有如今日不亦甚榮也哉然非徒榮而已也蓋將使其聲光氣韻有以動斯人而俾懷賢尚友者知所感奮而激昂焉由是而有以保吾君已成之化於不壞則其爲榮也不又大哉夫五經四書六藝之文今之人皆知習之孝弟忠信禮義廉耻古今人所同也其有上不負朝廷篤意賢才之盛心下不負賢守鼓舞作興之美事決意而往無讓前人

亦存乎其人而
已矣是爲記

祭器

舊制未備嘉靖十三年推官陳讓掌縣事給銀九十一兩九錢五分剙置今亦殘缺不甚備

銅爵杯一百四十銅和酒缸三銅香爐銅燭臺五對錫簠四十簋四十香爐一十一錫燭臺一十一對錫犧罇象罇各一竹籩一百木豆一百大木方盤十小木方盤一百木篚箱三毛血磁盤八和羹碗十六香案桌四牲匣八祝版一宰殺凳八大牲

桶八毛血木桶八盛爵木桶三焚帛鐵架一木燭
臺五十對鐵香爐架九鐵大鍋三錫爵杯一十八
舊黃絹帳幔一青絹帳幔一黃綾帳幔一紅綾帳
幔四

典籍
御製爲善陰隲書二本五倫書六十二本四書大
全一十八本周易傳義大全一十二本書傳大全
一十二本詩傳大全一十本春秋集傳大全一十
八本禮記集說大全一十八本性理大全三十本

明倫大典一部八本周禮七部七十七本禮記七部一百二十六本儀禮七部五十六本毛詩一部一十四本爾雅一部三本易經一部四本春秋穀梁一部四本尚書一部六本春秋正義一部一十八本春秋公羊一部六本孝經語孟大學中庸一部通鑑綱目一部三十本少微資治通鑑一十二本四書一部一十本易經大全一部六本書經大全一部五本詩經大全一部六本春秋一部十本禮記一部十本綱目一部十二本性理一部十本

通鑑一部十二本今皆散佚不存

書院

稽山書院在縣治卧龍山西岡宋儒徽國文公朱晦翁氏嘗司本郡常平事講學敷政以倡多士三衢馬天驥建祠祀之其後九江吳革因請爲稽山書院元至正間廉訪副使王侯復增葺焉載吳衍撰記歲久湮廢正德間知縣改建於故址之西麓載張煥記嘉靖三年知府南大吉增建明德堂尊經閣載王守仁撰記後爲瑞泉精舍齋廬庖湢諸所咸備統共四十餘間時

試八邑諸生選其尤者升於書院月給廩餼相與講業經義倡明道統諸士多所興起云（元吳衍撰記）越臥龍山之陽徽國文公晦庵先生祠三衢馬天驥之所建也稽山書院則九江吳革因文公之祠請之也蓋文公爲常平使者居越不一歲講明道學敷闡政化斯文一大興起嗣其職者所以景仰風厲每惓惓焉迨宋之季年相臣廣居第欲兼書院有之以先儒之祠不敢壞乃已至元辛卯浙東海右道肅政廉訪副使王侯侯分司于越朞月政成乃進教官孔君之熙陶君儀鳳議前起大成殿以奉先聖後祀文公於明德堂繕書閣以崇講席構齋廬以待來學之士不爾則聖賢之祀不興師生之位弗肅議既定程役赴工踰月告成若夫經構之費陶君儀鳳輩倡之士之來者咸樂輸無難色故一木不以病民既而走書千里求爲文記予不得辭竊推道之不得其傳千有五百餘歲天生周程遠

紹繼統聖學中興逮至文公先生益浚其源聚其統以集大成先生教大要自小學應對洒掃至大學治國平天下其進也有序其志也有道又必爲巳爲人判然胸中體驗充養馴至上達使不階下學直造聖賢之域有是理哉如顏子去聖人一間曾子唯一貫之妙夫豈不由好學與傳習之積乎然則君子進德脩業舍文公其誰與歸惟會稽過化之地遺澤之入人深矣昔者生長見聞服先生之服誦先生之言者不加少世降道微士習鄙陋出口入耳喪其所以唯虛文是尚唯進取是謀可勝慨耶乃今天下一家文治日隆學無利誘之蠱心無邪說之害家靡吠聲之鄙人罔庸調之虞有先師朱文公爲之據依有賢師帥之勸勵導其講誦賚舍安于修習絕彼四惡具此四美士於斯時要使刮去舊習斷斷兮文公之言爲準的因文公之言求之六經反之吾心眞見力踐居則以道淑諸身出則以道爲世用時有古今人無古今大中至正之道致知格物之學曷嘗有古今哉嗚呼君

文公先生道德文章之美見而知之者由文肅黃公而下未易殫舉聞而知之者豈無望于會稽之士罔俾前人專有斯美〔明〕張煥撰記畧曰稽山書院者祠先賢啟後學之地也先賢謂徽國文公後學則凡生于茲遊于茲志文公之道而誦文公之書者皆是也創見之詳見元人吳衍記中朝代屢更海桑俱化俎豆絃歌之所犁鋤徧及瓦礫無遺可慨矣煥私淑有年忝膺民社顧茲闕典罪責孰居第以庸疎日不暇給會刑部尚書王公明仲楚府長史王公文冕與儒生王琥素懷興復唱鳴義舉煥特上疏當道得允所請遂得盡力所事庀材鳩工高者平之下者培之溺於民者捐金出而闢之凡搆屋若干楹繪像于中講道于後左右有齋前有門甃四築繚垣蔭以佳木成之日人心歸極道在是矣周覽形勝則雄據龍岡俯臨雉堞山拱三峯湖環一曲天開偉觀兆啟文明今年棘闈選士數協元愷豈非其應耶竊謂文公之學非止科目階而進之伊周之功業孔孟之文章亦與日

月運行於天山河流峙於地未可以限量之者尚冀後之人景慕無射守職不忘無使求斯文於斯池者而又增慨于榛莽中焉　〔王守仁撰尊經閣記〕經常道也其在於天謂之命其賦於人謂之性其主于身謂之心心也性也命也一也通人物達四海塞天地亘古今無有乎弗具無有乎弗同無有乎或變者也是常道也其應乎感也則爲惻隱爲羞惡爲辭讓爲是非其見於事也則爲父子之親爲君臣之義爲夫婦之別爲長幼之序爲朋友之信是惻隱也羞惡也辭讓也是非也是親也義也序也別也信也一也皆所謂心也性也命也通人物達四海塞天地亘古今無有乎弗具無有乎弗同無有或變者也是常道也故以言其陰陽消息之行焉則謂之易以言其紀綱政事之施焉則謂之書以言其詠歌性情之發焉則謂之詩以言其條理節文之著焉則謂之禮以言其欣喜和平之生焉則謂之樂以言其誠僞邪正之辨焉則爲之春秋是陰陽消息之行也以至於誠僞邪正之

辨也一也皆所謂心也性也命也通人物達四海塞天地亘古今無有乎弗具無有乎弗同無有乎或變者也夫是謂之六經六經者非他吾心之常道也故易也者志吾心之陰陽消息者也書也者志吾心之紀綱政事者也詩也者志吾心之詠歌性情者也禮也者志吾心之條理節文者也樂也者志吾心之欣喜和平者也春秋也者志吾心之誠僞邪正者也君子之於六經也求之吾心之陰陽消息而時行焉所以尊易也求之吾心之紀綱政事而時施焉所以尊書也求之吾心之詠歌性情而時發焉所以尊詩也求之吾心之條理節文而時著焉所以尊禮也求之吾心之欣喜和平而時生焉所以尊樂也求之吾心之誠僞邪正而時辨焉所以尊春秋也昔者聖人之扶人極憂後世而述六經也猶之富家之父祖慮其產業庫藏之積其子孫者或至于遺亡失散卒困窮而無以自全也乃記籍其家之所有以貽之使之世守其產業庫藏之積而享用焉以免于困窮之患故六經

者吾心之記籍也而六經之實則具于吾心猶之
産業庫藏之實積種種色色具存於其家其記籍
者特名狀數目而已而世之學者不知求六經之
實於吾心而徒考索于影響之間牽制于文義之
末硜硜然以爲是六經矣是猶富家之子孫不務
守視享用其産業庫藏之實積日遺忘散失至爲
窶人丐夫而猶囂囂然指其記籍曰斯吾産業庫
藏之積也何以異於是嗚呼六經之學其不明于
世也非一朝一夕之故也尚功利崇邪説是謂亂
經習訓詁傳記誦沒溺于淺聞小見以塗天下之
耳目是謂侮經侈淫詞競詭辨飾奸心盜行逐勢
壟斷而猶自以爲通經是謂賊經若是者是并其
所謂記籍者而割裂棄毁之矣寧復知所以爲尊
經也乎越城舊有稽山書院在卧龍西岡而荒廢
久矣郡守渭南南君元善既敷政於民則慨然悼
末學之支離將進之以聖賢之道於是使山陰令
吴君瀛拓書院而一新之爲尊經之閣於其後曰
經正則庶民興庶民興斯無邪慝矣閣成請予一

言以諗多士予既不獲辭則爲記之若是嗚呼世之學者得吾說而求諸其心焉其亦庶乎知所以爲尊經也矣

本朝康熙十年里人虞敬道柴世盛重建稽山書院

舊址居臥龍之首故明時擬建尺木亭以龍首有尺木則能飛騰亦猶范少伯於臥龍山項建飛翼樓之意也今當兵燹之後扁像荒殘鞠爲茂草虞君敬道柴君世盛捐貲再造使朱夫子廟貌復新與昔年南公重建書院之舉並垂不朽矣　書院實地玖畝叁分叁厘零

南至大街橫貳丈肆尺又貳丈捌尺西至張東至姜自西至東上貳拾捌丈中叁拾壹丈下叁拾丈

北至城隍廟山自北至南長柒拾貳丈零

蘭亭書院在縣南二十五里本晋内史王逸少脩禊之所元時因置書院今廢

陸太傅書院在縣西六十里舊在牛峯寺側歲久湮廢正德間郎中周礽重建於故址今廢

社學

一在縣治東北二里許知坻倉西嘉靖四年知府南大吉即倉之隙地爲之其後知府洪珠既剏古小學在會稽境內乃更其地爲射圃二十年御史王紳復改爲察院

一在縣治北謝公橋南亦珠所建即越王故址

一在西光相坊越王祠西

鄉學　明初隅都各置以教養鄉中之蒙稚講讀大誥諸訓討凡五十所歲久湮圮

義學　在錢清鎮邑人周廷澤所捌嘉靖十四年其子給事中祚復購廢驛地以廣之爲屋八間捐田三十畝以贍師生

崇祀

名宦祠　祀故明山陰縣知縣○金爵○王偵○徐貞明○毛壽南○余懋孳○馬如蛟

鄉賢祠

祀（漢）大中大夫陳囂〇尚書僕射鍾離意〇（晉）吳興太守孔嚴〇光祿大夫丁潭〇徵士戴逵〇（梁）廣州刺史王琳〇（宋）祁國公杜衍〇大中大夫陸佃〇國子監祭酒姚勔〇資政殿大學士陳過庭〇贈刑部尚書俞亨宗〇戶部尚書狀元王佐〇義士唐珏〇知池州錢⿺走思〇秘書郎唐閱〇（元）隱士韓性〇（明）大理寺卿呂升〇都察院右都御史王暹〇河東運使周鈍〇雲南布政使薛綱〇禮部左侍郎陳復〇贈光祿寺少卿監察御史朱節〇處士鎦績〇處士王文轅〇贈少保工部尚書何詔〇四川成都府知府費愚〇南京刑部主事茅宰〇監察御史祁司員〇知府王爕〇詔封府丞朱東陽〇贈通議大夫按察使王鈺〇贈文林郎知縣徐敬〇文林郎陝西道御史陸瑋〇太子少保兵部尚書吳兌〇大僕寺少卿馮應鳳〇山陰縣增廣生劉熔〇贈江西右參政劉亞〇陝西布政祁清〇雲南大理府知府諸萬里〇工部尚書王舜鼎〇湖廣安陸府推官

李槃○通政使朱敬循○孝子陸尚賓○廣東韶州府通判朱貞元○廣東南海縣知縣朱光熙

應天府六合縣知縣沈縉

康熙十八年訓導王燮重脩啓聖公祠記夫萬物本乎天人本乎祖故尊祖敬宗所以明水源木本之義也自昔文廟之建俾郡邑士誦讀於其中者涵育薰陶而彰聖賢之化於以成人有德小子有造則絃歌詩書之澤豈不相引弗替哉予倅邀賓薦司訓山陰惟是建學課文盍秉鐸者之任故每月聚集生徒親加評閱試其優劣定其後先而爲之鼓舞不倦相與有成猗歟休哉至黌庠乃首邑所推實甲南陲之秀允稱東壁之奇摧卧龍而屏秦望依然東山泗水如在几席間乃啓聖公祠頹於荒蕪仰觀榱題俯視棟宇黯然失色豈可任風雨之飄搖恣鳥雀之穿啄耶竊思人文蔚起科名不絕必有所自始以顯興賢育才之地則蓮甍畫檻堊壁冊垣此今日事也若曰廣文以齋署爲寒氊翁子借[illegible]爲假道豈予與諸君子之心者哉

康熙二十年知縣范其鑄重修山陰縣記

從來名公鉅卿其功業所樹炳炳麟麟著于竹帛者雖致之非一途要以本于學校爲最盛以宮墻之地爲聖賢靈爽之所憑而英彦菁華之所從出也於越人文甲寰宇山陰稱首邑千巖萬壑競秀爭奇維時賢士大夫科名鼎盛後先鵲起豹變文章勲名焜燿邑乘者指不勝屈是知庠序之教所係於士子綦重矣

本朝鼎定以來首重文事[illegible]一人端冕臨雍自辟駿奔於下海内承風罔不致虔於尊師重道之典然則大聖人之師法萬世常留人心者詎不藉廟貌聿皇有以肅觀瞻而起敬畏也哉余於下車拜謁之餘顧瞻其間正殿兩廡概多傾圮欹焉憂之曰此守土之責也因謀於二尹文公學博程公王公咸謂功費浩繁非可猝辦竊自念幸淑聖人之訓叨甲第任司牧卽受事夘始簿書錢穀鞅掌不遑然爲治之本首以興斯文爲任以是昕夕匪懷顧

捐俸爲諸君子倡凡我紳衿士子諒有同心自無不樂輸以襄大典從此諏吉開工俾聖人之居棟桷維新巍煥如故山陰文憲之邦蔚然丕振於以輝俎豆而播絃歌與龍山鏡湖相輝映豈非一時之大觀千古之盛事哉諸君子勉之余不佞樂與相成亦與有榮施矣是爲序

本邑庠生金炯

紀畧康熙庚申季秋漢陽范公以進士來宰山陰甫下車即謁文廟覩正殿傾圯慼焉改容爰集二尹文公教諭程君訓導王君及諸生金炯鄒邦憲丁士弘林日蔚等延兼而諭之曰維茲聖宮爲八邑之首瞻修明學校予之任也何可任其荒蕪鞠爲茂草爾其亦實心任事以勿負盛舉庶根本之地于是乎克隆焉遂捐俸五十金以爲率先剏興之基越明年季夏三日構木鳩工我公展拜之餘敬肅倍篤復命炯等無怠厥事無愆厥期庶幾克有成功爰于仲秋擇吉建樑我公較文浙闈矣公矣慎始回公署隨即進謁至聖是時徵雲散其靉靆皎月矣其澄清萬籟無聲氣象一新皆公之誠

敬有以致神靈之昭假也經營數月間　大成殿
巳覺煥然改觀而兩廡櫺星門亦漸次振舉得理
焉俐竊思公涖任方新政通人和百廢俱舉然一
變而勸于季試日進博士弟子員而面課之定其
高下俾士蒸蒸焉知有所懲勸豈非正人心厚風
俗尤必以典學重文爲出治之先務則凡承　簡
命而涖斯邑者其亦景企乎
我公而爲之師法焉可矣

文廟學宫基地自明隆慶三年間所纂誌書止開
二十三畝零其學前左右地俱不載入康熙三年
奉　文清丈據上植坊坊長冊書丈量學宫内廟
祠衙署基及内外空地池沼共有五十三畝五分
零查係萬曆十三年加增清出前誌未載今補入

山陰縣志　卷十三

之

三

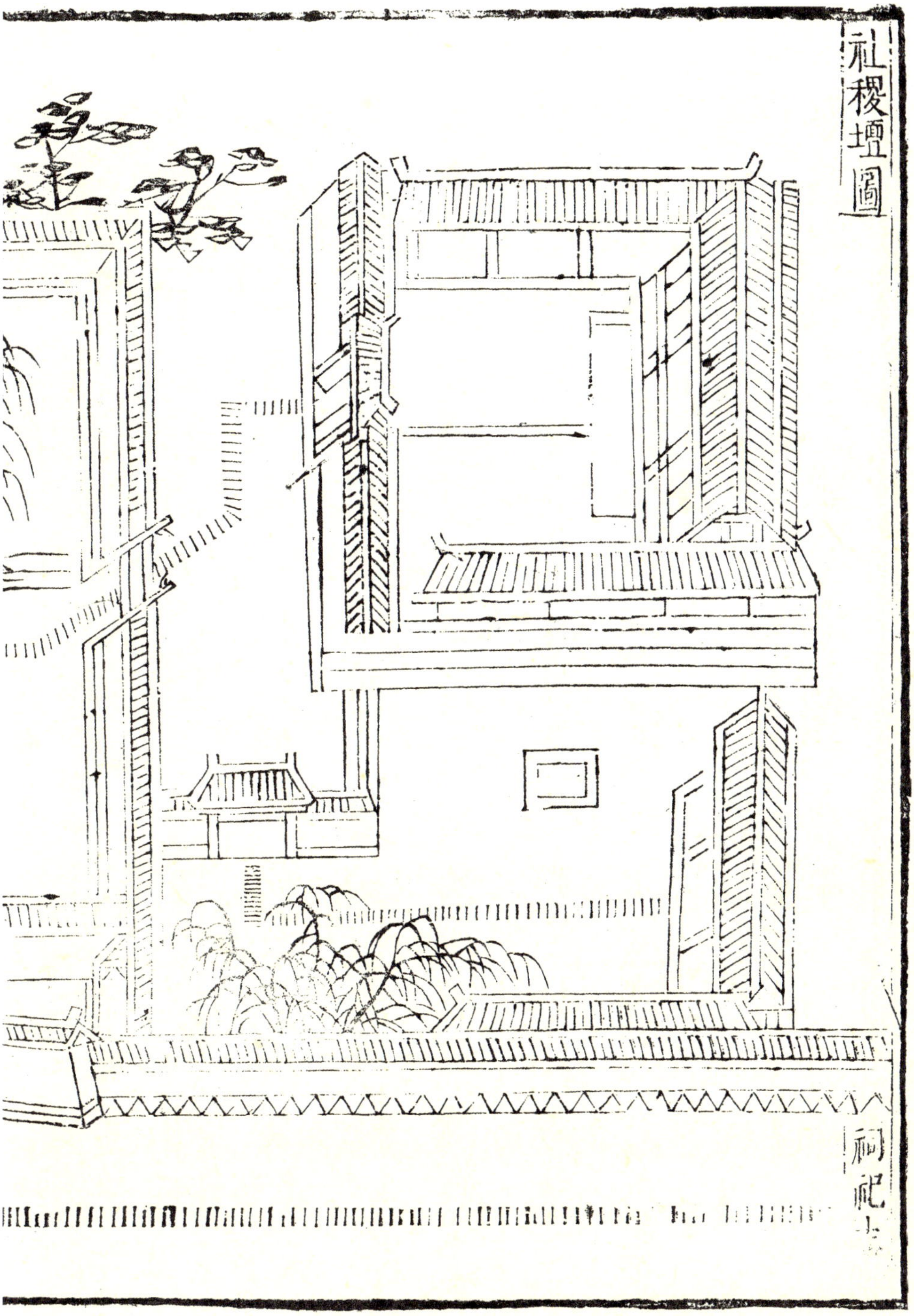
社稷壇圖

啓孝祠圖二
宰牲房
省牲房
啓孝祠
祠祀志三

王泉書院
徵愛祠
孝祠
文武忠孝
水則

山陰縣志卷第十四

祠祀志一

壇　祠

王者秩祀事以脩禮經自朝廷達于郡國有其舉之莫敢或廢所以奠神安民示崇報也凡在鄉土而繫乎典義者雖不領于縣官亦書非此族也則務而外焉示不敢瀆也

祠祀社稷以及諸神謂其有功德于民而崇報之也或任于其土或生于其鄉沒而有祠何哉蓋人

心思慕久而彌摯也文丞相曰沒不俎豆其堂非丈夫則有志者亦思所以俎豆者而可哉至于佛宮道院不在祠祀之典弟建立有自莫可廢也亦存之以紀勝蹟云

壇

郡社稷壇在縣西北迎恩門外

郡厲壇在縣東北呂安門外二壇俱府祀規制詳載郡志

郡社稷壇按宋志縣有壇在柴場坊今制凡縣附於府者俱陪祀於府壇舊壇遂廢

里社壇按洪武禮制每甲立壇一所今或廢或存渺無定所

鄉厲壇按洪武禮制每甲立壇一所今廢

祠

名宦祠以祀守令之賢者在縣治東南六里屬府祀今在郡者郡祀在邑者邑祀

鄉賢祠以祀鄉士大夫之賢者在縣治東南六里儒學廟門之左

越王祠嘉靖十一年知府洪珠以光相寺餘地建

祠以祀越王勾踐〔宋王十朋詩〕機會由來貴速投

姑蘇事與會稽侔謀臣不早麾兵進嘗膽徒勞二十秋〔山陰蔡宗兗記〕西湶洪公牧越三年志在敦正祀典昭假百神以赫顯靈以協天地以康民俗索春秋越王而祠祭之則郡乘不登父老莫識久矣喟然歎曰越王越民之始祖也百代生靈皆其子弟子弟食越土而忘其祖吾輩吏茲土而可聽民之忘其祖乎禮有可以義起者其在於斯祠乎東溪約齋闕之咸慨然曰是真可以義起者長者不忍民之忘其祖吾輩寧忍祖之不血食茲土乎前人即吾祖也不有前人孰啓後人不有後人孰顯前人願長者偕之吾輩矢績之必弗墜時有詔沙汰僧道郡城西郭有光相寺適頹圮寺僧恩琦告典復於西湶曰吾嘗觀其地約齋笑曰祠其機矣遂相率周回諦視諭寺僧曰朝廷沙汰而汝等顧崇佛教於義安乎佛法未入之先此即越王之地越王之地宜立越王之祠事佛者滿城而事越王者曾無一人今吾將移爾奉

越王香火況汝國即越王之子弟乎能事越王即事佛也諸公各捐貲飭財約齋時復程督不數月樊築勷墍百度堅緻塑越王像於殿中蠡種稽司翼侍左右春秋薦食光彩煥溢翬然鼎立於域中矣暨西宗考績京師東溪約齋相與謀曰欲永其祠必顯諸衆復樹石碑于祠前表之曰畏天保國百姓觀者載道忻忻然知越王之爲我祖聽事香火者蓋惟日不足矣是役也因地之宜順民之役民不告勞官不告費崇禮復古非諸公秉公心以昭于古亦安能宣遺烈以訓百世乎越王保惠越民奮乎百世之上本無意諸公祠之也而諸公祠之則夫百世之下有如越王之保民者又安知不有如諸公者出而協祠之乎宗兖越王遺民明世外史敢紀立祠之本末以遠俟乎來哲以世示我越人人曰祀越王者祀勾踐也勾踐不有祖乎曰勾踐之先本夏少康分封庶子以守禹祀其祖聞國世遠名湮不可知也其父允常戰敗身死不可祀也祀者祀其功也賢也賢與功孰先於勾踐乎

祖孫一氣不知其祖而祀其孫即祀其祖矣人曰勾踐始也違忠言而敗中也聽忠言而興終也忌忠良而殺之其賢與功果無瑕乎予曰在史氏嘗正其辭在後人惟思其澤孟子嘗稱之爲智者又曰畏天者保其國則古之人亦未嘗以過而掩德西淙洪郡牧珠也東溪孔郡丞廷訓也約齋李推守逢也繼至協相之者則林郡判文卿江郡判獻劉山陰昺王會稽教也民庶與力斯祠者亦附見於左

徵愛祠在縣治卧龍山東麓嘉靖四十一年知府李僑即大節祠改挪以祀漢太守劉公寵宋太守范公仲淹大節祠原祀愍孝蔡公定唐將軍琦通判曾公悫今各祀于原祠而蔡公曾公並祀改愍孝爲忠孝祠云

曰太守墓祠在縣西北一里卧龍山之陰嘉靖二十一年知府張明道因永福寺故址改葺以祀知府白玉玉漢中人正統間以病卒於官因葬焉歲時有祀致祭

劉太守生祠正德三年知府劉麟蒞政五十日以事免歸郡人王埜輩爲建生祠于本府城隍廟之右

尚書王華撰文　漢劉寵爲會稽太守及被徵去任山會有五六老叟自若耶山谷間出人賫百錢以送漢史傳其事不過曰簡除煩苛禁察非法又曰犬不夜吠民不見吏而已此外別無赫赫之功足以聳動人之觀聽今去漢千數百年寵猶廟食兹土百姓猶歌思不忘正德戊辰夏六月刑部

郎中劉君元瑞擢守吾郡僅五十日輒罷官去百姓徬徨如失父母乃日會聚于神祠佛宇所禱卜筮謀所以留侯者而不可得則相與聯名列狀赴愬于部使者以求復侯之官不可得則又相與羅市易肆捐已貲且不遠數千里走京師以聞于天子以求復侯之官卒不可得則又相與扶攜老稚塡郭溢衢追送至數十里外侯數停舟麾謝衆猶擁遏不忍舍去道路觀者莫不嘖嘖稱歎以爲數百年來之所未見世嘗言今之人不古若郎侯之去任視寵之去會稽豈相遠耶或謂侯之在郡僅五十日而止郎其五十日之所設施雖有良法美意亦豈能家至而戶到雖吾夫子妙綏來動和之化其相魯亦必誅少正卯禮却萊兵三月而民始歌誦之侯在吾郡未嘗見其按一貪暴旌一善良也直廉恭儉約弗擾于民而已耳固未始有一日勸懲之功而吾民視侯乃有千百年固結之愛使侯久于其任得以究其抱負設施則民之愛戴思慕又不知何所底極也且寵之去任被徵歸朝侯

之去任被黜歸田其榮辱懸殊也而百姓之送侯者所至千百成羣不止五六老叟而縉紳士夫又俱爲詩歌以送之都邑游居之民山林隱逸之彦又從而屬和之聯爲大卷輯成巨帙視人貲百錢以送者義利迥絕謂今人之不古若豈其然耶孔子曰斯民也三代之所以直道而行也侯惟以三代之民視吾民吾民亦以三代之民自期待而近世厲民自養者往往詆吾民以愛憎爲毀譽是果何謂耶侯既去郡百姓思之不置則又相與謀肖侯之像立祠于卧龍山麓葢將尸祝而俎豆之祠既成耆宿王珩羅舟等揖而告予曰知侯之真悉侯之美宜莫如公者願畀一言勒之貞石以永吾民之思予曰古之循吏不嚴而化不令而從所居民愛所去民思生有榮號殁見奉祀侯其庶幾矣雖然衣冠儼然使人望而知愛敬者侯之像萬目所快覩也其有無形而可以感乎民心於永永者侯之功百姓不能忘也然有形乃無形所寓則民之肖像立祠樹碑雖非侯之心而實衆之愿也予

何敢辭遂爲之記侯名麟南京人由弘治丙辰進士起家至今官百姓稱爲新劉云系之以詩曰慨惟越郡僻處海隅厥田下下載于夏書厥民愿樸乃農乃儒乃賈于市乃旅于途服勤終歲僅足食衣吏政張急民命靡依漢吏劉寵治稱循良民用弗擾遺愛甘棠歷千百祀淳風日渝以暴濟虐邦本畢痛天子踐祚歲惟戊辰劉侯繼牧字我越人盡蠲衆瘼易虐以仁前創後述是祖是孫始時和買害甚天災侯平物估商賈悅來始時繇役歲無月虛侯息民力閭閻宴如越人健訟鼠雀相猶侯潔其源乃淸其流越人畏吏如虺與蛇侯窒其穴鷄狗不譁疇昔公燕越舞吳謳侯躬儉約屏夫伶優疇昔賦稅誅求無餘侯謹權量民樂貢輸侯在泮宮講禮說詩濟濟多士是式是儀侯蒞轅門恤軍練士赳赳武夫戴如父母越人有言我侯至誠彼猾譎詐罔敢不情越人有言我侯執法頑嚚畏悍戚若厥則民方歡慶而遽罷歸如兒方乳奪我母慈涼涼行李蕭蕭去騶攀轅臥轍願侯少留[illegible]

不我留共歸甚亟悠悠我思曷有止極蜀留詠讃魏祠梁公峴首碑希異世同功清江之滸龍山之陽兩祠對峙屹乎相望侯侯德在民侯像在廟清風邈然後來孰紹

陳侯生祠在城隍廟劉大守祠後嘉靖四十四年邑之里老建祠以祀知縣陳公懋觀翰林院脩撰諸大綬撰記

長民者皆稱牧牧之爲道非能力爲蕃庶也能不傷之而已司牧而存如傷之心則傷之者鮮矣居而民悅去而民思惟此心之感也語曰斯民也三代之所以直道而行也嗟乎上特無以感之耳今之民豈異於古之民哉長樂益泉陳公釋褐爲會稽令半載以憂去我山陰與會稽並麗郡城兩邑民相與語明府眞父母舉欣欣願永戴焉丁巳夏侯服闋謁選天曹時山陰令員缺士民有事於京師者請天官卿投牒言循吏懋觀前在會稽任淺有遺愛請補銓山邑子惠元元甦活彫敝天官卿

歎曰吏不當如是耶其從所請俟之任不以家累
自隨縣方經寇亂軍興徵發旁午民不堪命侯謂
惜民當先惜財財匱矣如民何耗蠹萬端其源自
官官正而澄弊乃不生于是率其澹泊之性操益
清苦廨中蕭然服食僕御有寒士所弗堪者卿大
夫歲時問餽盡却不受坊里常供亦罷遣之凡承
役人舊所輸分例拜見諸名目一切禁絕公家之
費毋從節減如勢所不可廢竟顰蹙不自怡其蒞
政事決獄訟秉公行恕明斷而加之矜恤民罹於
法當罪而求所以生之不得意悽惻若已辜也尤
崇化原脩學校明禮義振育多士多士行業有可
與進者教之如其子弟人人各有得也居二年應
召北上去之日士民攀戀去三年其遺愛在縣中
優然桐鄉之風焉諸父老洎庠序弟子謀建祠於
龍山之陽徧白縉紳諸士大夫諸士大夫咸捐貲
相倡助將紀述其善美以傳諸來世余亦考求侯
計簿亦無震耀輝霍矯矯赫赫殊絕可書之績乃
吾民悅而思之惓惓于懷久而不能釋者侯之德

意潛乎於法度之外也慈祥惻怛一念最真施于
有衆毎懷靡及侯不自德而德之入人者深矣昔
程伯子宰晉城座間書視民如傷四字推其心必
不妄撻一人今之妙能存此心者侯殆庶幾焉其
廉惠皆從此出觀于吾鄉又斯民直道而行之心
也余備書而敘論之使勒之貞石既以示司牧者
之道又以表吏治之不在奇功也侯字孔質癸丑
進士長樂陳氏世顯爲閩仕族前後仕者以廉惠
稱葢有
家法云

忠烈祠在徵愛祠之左嘉靖二十一年知府沈啓
㓏祠以祀餘姚忠烈孫公燧提督學校豐城雷禮撰記贈禮部尚書謚
忠烈孫公諱燧事明爲都察院右副都御史廵撫
江西値正德巳卯寧庶人宸濠以國反亥之至今
雖小夫婦人皆知公之爲烈也夫任天下事易亥
天下事難亥天下事易成天下事難初公受命江

西時逆濠包禍已久善匿情市交以希寵取威而箝制人口既再得護衞不可盈厭百姓脂膏浚削無遺輦珍寶結禁近以爲奥援又連各洞寨逋賊縱其流刼炰焚于時鎮巡藩臬以正自持者百計凌轢必欲致之極地故士多毀節脱禍公然旅附矣公觀變究源謀所以制之於是乎均征賦飭戎備實倉儲撤鹺利諸凡推剝黎萌者漸次剗削偵姦黨置之法以剪其羽翼惟弋陽横峯諸窑地險人悍及安義新民多羣不逞易煽乃請立縣治安義設通判駐横峯以彈壓之城進賢城瑞州城南康扼其要害又奏復饒州兵備并重九江兵備之權于撫州一路則以分巡兼攝之所以陰折逆謀悉中機宜不幸屬車西狩權璫助逆而惡孽依憑大憝不可復制兼以朝廷懿親不敢擅圖先發累上容疏及自劾乞休俱不報蓋已自分一死報國靡他矣及逆濠跡露倉皇圖劫許可爲變鎮巡以下甘心黨附隱忍就擒者豈少也惟公面折誕詞駡不合吻所謂天無二日民無二王數語耶耶乎

揭日月而行中天也何其烈哉然公死矣濠遣逆黨募兵如畜兵新民一無所得至都御史王守仁義旗一舉合省士庶爭奮而起不旋踵而大難平焉非公之謀有以佐之耶昔天寶之亂顔杲卿以節死論者不大其遠死謂知祿山必反爲之備徇諸郡並勤兵以從其後賊之不能直窺潼關者以杲卿撓其勢也方濠懷不軌將浮江而下也豈息心哉非公嚴爲之備則旦夕欲發必不遲回于數年其既發也號召亡命盤據險阨勢必滋蔓而欲奄定旬日之間不亦難乎故嘗反覆公事而觀之當濠逆未成得公早撫一二年則羣奸不附而積蠹可以黙奪及濠勢已成使公早奉奏報則一鼓擒之猶拉朽耳生民亦免于血刃也乃事激變生至與杲卿同遊于地下而其心豈但已耶公平生立志以忠孝自命及撫江西即謝家累慨然就道所至表章貞節又廣文山祠贊其偉烈識者已覘公許國之忠矣則其奮然自立能至于此者蓋天性然也故公之能遽死不足以見公之大惟苦

心積慮潛制奸謀以成天下事而之死靡悔者天
下一人而已夫明德祀于其鄉自古爲然今祀公
死節曰旌忠知縣丘養浩以餘姚生地請當道創
祠龍泉山麓至紹興知府沈啓以公爲一府忠烈
之倡又立祠卧龍山之東前後共六楹既成公姪
僉事翥率公孫國子生鏊屬予言夫公之大節揭
揭宇宙固不係於祠之有無蓋郡人慕公之誠非
祠無以致其敬也禮忝舊治聞父兄談公之烈甚
詳恒以不及見公爲恨既而見公子前府都督堪
尚寶卿墀禮部侍郎陞俱忠厚仁孝而其孫又多
賢則天之所以福公者蓋未艾也況濫司風教于
公土能不追公之節以厲來學者哉故摭公行事
之大者勒諸碑繫之以銘曰越山千仞上摩穹元
姚江東注滙爲一川侃侃孫公鍾此間氣弗隨以
貞清明剛毅領頒南土逆宗構逆狠吞虎視横不
可馴谷滿徹罩路塡荆棘隱畜逋逃爲民蠹賊彼
惛嚚溢稔禍日熾妄窺天意罪甚淮南公彰杞憂
爰拯其溺殲厥殘凶以遏奔激乃城險要乃峙糧

儆于捐于衙寨犀拮据彼狂公佻瞋目以怒公立中流屹如砥柱容封抑鬱天違難知孤忠自許祇扼其危是厥妖氛貫盈當斃露刃劫公悖天稱制公誓天日氣貫烟虹責以大義首犯逆鋒我頭可斷我節難毀顏舌幸存罵賊以死英風凜烈了無所攜用抉我眼觀我全師惟民鑒之義旅雲旗舟不待浮鯨奔鯢伏元憝沮刼自速燹丹公歸不腐重于泰山惟帝念功世蔭其子䘏贈易名堂堂廟祀卧龍之麓八邑具瞻千載竹帛澤流海閫式成厥觀常山與伍如見羨牆乾坤其古

王右軍祠在蕺山戒珠寺東寺即右軍別業嘉靖十年知府洪珠移置於佛殿之西寺門外鵞池墨池尚在

宋諸葛興頌　典午西兮金國渡而東兮藹多士嘉內史兮昇浮華淡物累兮頤天粹升冶城兮遐想友東山兮雅志修禊事兮蘭亭觴曲水兮羣英追雩風兮酒泳灦萬化兮均平紀清

遊兮感慨刻形志兮神詰蔚翔鳳兮一札賓連城兮干祀大傳起兮爲蒼生扶晉鼎兮覺符秦內史歸兮樂山水師萬古兮餝孫子出與處兮兩賢意易地兮皆然

吳萊謁祠詩

小立天地窄前登萬山阻越王采蕺處秋綠空榛莽古祠復何人遺像竒梵宇椰老題扇橋荷香弄鵞浦典午當哀亂神州渺淮楚經畧欲馳兵保障期安堵姦溫多大志誕浩却浪許護軍曾參綜戕疏極心膂廟謀不可勝野戰徒爭武內外未協和英雄豈豪舉泗口鄒進屯譙城遽奔沮事勢日趨異朝廷孰撑柱去官寧忤違誓墓獨酸苦父子但書法功勳總塵上青緗每收拾緑筆餘圖譜草隸俱入妙雲龍蔙掀舞一驚或有識野鶩紛難數平生破布被謾以楮畫肚起和放墨池長鯢戰風雨

司馬溫公祠在縣治北五里公四世孫宋吏部侍郎伋所建

孟郡王祠在太清道院旁先是孟成之等捨地道士張元悟建立太清道院天啓乙丑裔孫孟應麟偕子稱堯稱舜等請于山陰知縣馬如蛟就院左建祠三楹以祀南渡始祖咸寧郡王彥弼長沙郡王彥卿信安郡王忠厚以及後世賢子孫而統名之曰孟郡王廟嗣是孟氏歲時致祭

雙義祠在縣治東南六里名宦祠東嘉靖十六年知府湯紹恩建祀宋唐珏林景熙

新建伯祠在縣治北四里許嘉靖十六年御史周

汝貞建以祀新建伯王守仁

忠節祠去縣西南五里許正德間裕州同知郁采死流賊之難朝廷勅裕州祠祀蔣僉事舜民劉知縣昺即其墓立祠以祀之

褒忠祠在光相坊新建伯祠之右嘉靖三十四年紹興府知事何常明山陰生員金應暘餘姚監生謝志望生員胡夢雷禦倭死于難事聞于朝常明贈太僕寺丞應暘志望夢雷俱贈州同知立祠以祀之

史魏公祠即都土地廟去縣北二里倉橋下

清涼母祠在塔山下舊名搭子廟祀唐清涼國師母

許元度祠在塔山清涼寺後原無祠因設像而名詳府志中

王龍谿祠在江橋祀名賢王畿

賀監祠在鏡湖上

山陰徐侯生祠在迎恩門外祀知縣徐貞明

沈文肅公祠在蕺山上祀宋大學士沈紳

陶文簡公祠在江橋下祀明會元陶望齡

朱文懿公祠在塔山祀明大學士朱賡

諸文懿公祠在塔山下祀明狀元諸大綬

陳侍郎祠在永福寺北

崇善王祠在卧龍山上吳越王錢鏐建梁貞明三年封山神爲崇善王敕牒鏐自列其銜于後

陸放翁祠在鏡湖上

劉眞君祠在縣東三里許宋淳熙閒郭壽隆建

范蠡祠在蕺山天王寺麓前職方調越别駕姑蘇馬承學所立下有泠然池越守洪珠書鐫石壁上

萬曆肆年加祀文正公仲淹蔡獻公純禮寺池前立范文

正公香火院坊宋朱熹書于祠曰富貴有餘樂貧賤不堪憂誰知天路幽險倚伏互相酬請觀東門黃犬更聽華亭唳千古恨難收何似鴟夷散髮弄扁舟鴟夷子成覇業有餘謀致身千乘卿相歸把釣魚鈎春晝五湖烟浪秋夜一天雲月此外儘悠悠永棄人間事吾道付滄洲

高氏五王祠在府城西六十里祀宋太尉高瓊瓊封衛王子繼勳封康王孫遵甫封武功郡王進楚王曾孫士俊封武寧郡公追封武寧郡王元孫公紀封晉寧郡公追封晉寧郡王靖康末少保高世則扈蹕南渡領越州觀察有功于越奉勅建祠祀

高瓊而下五王祔以少保公世則有司春秋祭之

貞烈祠在江橋鹽院傳宗龍建祀王貞女沈烈婦里人劉宗周爲之記

蕭公祠在縣治西門外順治六年闔郡士民祀都御史蕭公起元知縣顧予咸屬諸生朱起鼓撰記

公諱起元遼陽人以順治二年十月奉　朝命巡撫兩浙時越人連搆七郡稱戈數十萬勤勞王師自秋徂暑乃克破蕩公與部院張公約但誅渠魁獻馘於朝而此外一無所問越之人上自縉紳下及里老皆請建祠以俎豆公顧以不殺之身益公千秋之壽公不許相與咨嗟歎息皇皇然如不克戴天順治五年冬十月公復至越察民之所不悅事之所不便吏之所不廉不職者或革或蠲或誅

或黜雷動風驅春生秋殺旬日之間俗乃大變于是越人復稽首崩角垂涕相告以爲吾儕前擾變亂分如雞豕計日待屠豈知鴻莽另闢致使殘黿遺齒復見天地光華今而後知　天子之德開代之仁肇造之規模如此其大越民少者壯而壯者老已五年於茲環城十萬戶天高地厚日履日載使不有所瞻仰百代後焉知相傳以有今日者皆出蕭公之惠乎山陰令顧君聞其言而歎曰夫非猶此越民也耶今一旦傾心戴德至誠懇怛如是甚可哀也雖公之德不必以祠著然復重違其請恐非所以慰答輿情昭示歌舞愛戴之至意于遐邇也于是躬率士庶度地于西門之外誠曰勉循爾願毋使公知量厥袤延庀厥材鬻隸厥丹堊作堂翼翼列位巖巖維時七年正月十五日萬民和會紳士奔走聲以鼛鼓振以鐸鐃拜公於堂歡聲如潮上以彰　朝廷寬大之除下以發斯民官長之義凡奉公之教以蒞是土者知所欽式則斯祠關係甚鉅豈特爲銘德報功已哉因載拜而記

張文恭祠去縣三十步祀明狀元張元忭即舊市舶司萬曆間撫院題請建祠

姚公永戴祠在常禧門內紹興府協鎮名承德號仁齋關東人有傳順治間以副將鎮紹興幕府在山陰常禧門民當兵燹之後公特鎮以安靜撫以慈愛民有與兵競者公輒右民而罪兵兵自是凜凜無秋毫犯時用師海上公每偏師直搗巨寇屢奏奇捷居官不喜紛華不受饋苴布衣素食常奉佛維謹人遂呼爲姚佛子適病劇部院趙廷臣撫院朱昌祚嘉其賢直造臥榻前握手慰勞之竟不起越民如喪考妣哭弔以萬計鄉紳張陛捨地鳩資乃建祠于臥龍山之麓祀之名曰永戴祠

祠祀志一終

山陰縣志卷第十五

祠祀志二

寺　院宮觀殿附

寺

大能仁禪寺在縣南二里四水爲界東西廣一百四丈四尺南北深六十丈總八十畝有奇東晉許詢捨宅爲祇園寺後廢吳越王特復建號圓覺寺咸平六年賜名承天寺宋政和七年上后土號曰承天令天下僧寺皆改爲能仁寺蓋避后土號也元初燬至正年間重刱嘉靖末年寺頹廢呂文安諱本請佃改爲樛木園造百尺樓以藏書崇禎末年僧無量勸善士祁鳳佳等以四千餘金贖回重構而寺

始

復

小能仁禪寺在縣西北三里開寶六年觀察使錢儀建太平興國二年吳越給地藏院額大中祥符元年改名承天政和七年五月改賜今額

寶林寺在縣南三里飛來山麓宋元嘉元年僧慧基建時有皮道輿捨宅造寺於山之巔會昌中廢慶乾符元年重建因改爲應天寺晉僧曇彥與許詢元度同造甎木二塔未成詢亡久之彥尚在梁岳陽王帥越訪彥彥日許元度來何暮昔日浮圖今如故遂握手入室席地坐忽悟前身造塔之事由是益加壯麗宋乾德初僧皓仁建塔九層高二百二十丈號應天熙寧間災毀郡守程師孟復拓舊址奏請賜名寶林寺改崇寧萬壽又改報恩廣孝又更名光孝紹興中復毀乾道末藻繪尤盛置田五千餘畝大德中復燬至大四年再刱寺宇廟莊田構鐘樓至正

間寺塔俱燬明永樂十一年僧善慈重建嘉靖十七年僧鐵尾始復隆慶間塔復圮萬曆六年僧眞理募修毀上殿爲清涼寺塔前建許元度像明末殿宇及塔又將圮康熙初年僧性覺募修清涼及塔寺宇仍煥（唐方干詩）山捧亭臺郭繞山遥盤蒼翠到山巔叢中古井雖通海窗裏陰雲不上天羅列衆星依木末周回萬室在簷前我來可要歸禪老一寸寒灰已達禪（宋杜衍詩）中巖無絆外緣間深掩柴扉客到難勝境可曾飛錫去好山多應捲簾看晝升講座天花落夜步吟軒海月殘今日逢師堪論道歸心愁思一時寬（王安石詩）飛來頂上千尋塔聞說鷄鳴見日升不畏浮雲遮望眼祇緣身在最高層（明王守仁詩）怪山何日海邊來一塔高懸佛斗台面面晴峯雲外出迢迢白水鏡中開招提半廢空獅象亭館全頹蔚草萊落日晚風無限恨荒臺石上幾徘徊

清涼寺在縣南三里飛來山上宋時建卽寳林寺

上殿康熙年間重修

大善教寺在縣東北三里許中有七層浮屠梁天監三年民黃元寶捨地有錢氏女未嫁而死遺言以奩貲建寺僧澄貫主其役未期年而成賜名大善 屋棟有題字云天監三年歲次甲申十二月庚子朔八日丁未建唐開元二十六年改名開元後唐長興元年吳越武肅王別創開元乃復大善舊名宋建炎中大駕巡幸以州治爲行宫而守臣寓治于大善及移蹕臨安乃復以行宫賜守臣爲治所歲時使命朝攢陵猶館于寺中乾道中蓬萊館成乃止慶元三年寺塔俱燬于火發其塔中地得石刻乃越中龍興寺宋太始元年唐太平元年造塔宋淳化三年復燬景德元年重建石刻中多斷闕不可盡讀龍興寺與龍興橋相近或謂提舉

復其廟貌巍峩之觀在此一時艮可知也但功費浩繁非一力可支意願弘深賴十方協助敦告同心共成福果庶大善盛事在梁之黄元寳錢氏女不得專美於前矣爰爲之序

至大教寺在縣北五里元至大四年佛印弘教大師本立雪庭購石氏故宅建之咸祐中賜額曰至大報恩寺殿壁刻宋高宗御書詩尚存韓性撰記其畧曰至大報恩寺沙門弘教大師立公之所建也寺在越城之西北臥龍飛來諸山横列其前由寺門右出數十步踰河梁西南是爲會稽之通衢行旅憧憧不絕釋子之遊方若有事于白華山者必道于此立師欲接以憇息之地乃購石氏故宅撤其舊廬更創新宇殿堂門廡齋厨庾器種種畢具買田千畝以充饘飧之需買山五百餘畝以供薪樵之用朝晡伏臘百爲之具不待外求而可以垂久寺成

于至大改元之四年請于帝賜之名曰至大報恩之寺而俾余爲之記師越之上虞人姓趙氏本立其名雪庭其號云

〔戒珠教寺〕在縣東北五里百四十七步蕺山南晉右軍王羲之故宅或曰其別業也門外有鵞池墨池南百步許有題扇橋卽賣扇老姥所居之地寺初名昌安大中六年改戒珠陳大建二年有天竺僧薛博神異及死葬山上其形數現後夢語其門人曰必爲卧像屋以壓之我則不現僧定光乃立卧佛像果不復現故又名卧佛寺宋熙寧中郡守程師孟與僧法雲遊于寺僧立成詩句曰行到寺中寺坐觀山外山〔宋王十朋詩〕九日重登古蕺山勞生又得片時閒菊花今歲殊不惡蓬鬢去年猶未斑藍水楚山詩興裏鑑湖秦望酒杯間醉中同

肉舍是也疑龍與塔既焚後人取磨塔以葬舍利
佛骨耳永樂元年重修寺塔至康熙八年僧萬修
法師同邑人劉世洙行僧等
重修復煥然云後有碑記
皇清康熙二十二年重修大善教寺山陰縣知縣范其
鑄序　縣東北三里許有大善寺稽其由來始於梁
天監三年人民黃元寶捨地有錢氏女未嫁
秦甞遺言以奩資建寺僧澄貫主其役未期年而
成賜名大善嗣後興廢重建代不一人石刻中多
斷闕不可盡詳然考其命名之意慈願宏遠法有
普施非僅僅小善必可幾也余不敏薄書錢穀不
暇作應酬文字一日山僧衲子以募疏相屬辭之
不獲告之曰余貧吏也自揣俸薄所捐不多乃蒙
皇其詡欲人人大破慳吝喜助檀施何爲者具今何
將軍需水災之後官無所得府署士無所得費亭
民不得安居寧宇詡我佛慈同民甘苦一旦取民
力而經營之度亦大善佛祖之所不忍出也方補

子曰不然但得金數行一引可贊無量功德余應之曰唯唯夫大善寺[illegible]利唐開元後二十六年改名開元後唐長興元年吳越武肅王別創院元乃復大善舊名宋建炎中大駕巡幸以州治爲行宮而寺亦曾寓大善寺慶元三年塔俱燬於次發具塔中乃越中龍興寺宋太始元年唐太平元年造塔宋淳化三年復燬景德元年重建永樂元年重修大寺塔至康熙八年僧萬休同邑人行僧等捐資重修煥然一新今歲時無凡非復昔日景象余幸邑人弟子請約其地期與人同歸於善亦其一端也第以寺列城市人烟稠轃之處而殿宇頹毛摧榱屋中見天無論風雨飄搖神靈不妥卽夜露日晒豈不悽然余目擊心惻因念時事興廢何常有昔者必有今日然顧名思義爲善在人爲大善尤不止一人又安知今日之蕭瑟零落不復還昔日金碧莊嚴乎且余仰體諸憲撫綏安集雨潤風清從此太平有象豐年可樂則大善寺重修之舉當有投袂而起大振宗風美輪美奐頓

訪右軍蹟題扇橋邊踏月還陶望齡詩獨覽空山巴夕陽浮雲漠漠晚風涼王孫墨妙眞堪憶越子雄圖未可忘地合江湖趨瀚海城蟠石塹鎖金湯只憐蘭若荒頹盡月出無由步上方

天王敎寺在縣東北六里二百步昌安坊蕺山東麓寺後山壁刻字有曰唐景德元年歲在壬子准勅建節度使相國隴西公生祠堂其年十二月十六日開山建立蓋董昌生祠也昌敗祠廢後唐天成四年吳越王錢鏐夢神人求祠宇或言祠本古天王院有魚池因建天王院宋大中祥符元年七月改通敎院天聖初避章獻明肅王后父名又改廣敎院建炎末與開元寺同時燬于火紹興中院僧惠廸募緣再建佛殿西北隅山壁舊有陸少師題名石刻云虞駿元王源之吳庭瞻曹季明沈永道孫元禮陳志行

陸元鈞自戒珠寺雪軒過草堂登上方尋徑到此政和八年三月二十八日元鈞題今剝落不存明永樂元年僧道法復建堂宇萬曆初併屬戒珠寺今復

永福教寺在縣西北一里許臥龍山之陰上有白郡守墓

天衣禪寺去縣南三十里許承務鄉地名法華山前有十峯雙澗寺多異花名曰杜鵑每歲盛開觀者競集王十朋會稽賦云天衣杜鵑晉義熙十一年高僧曇翼結庵誦法華經多靈異內史孟顗請置法華寺至梁惠舉禪師亦隱此山中武帝徵之

不至昭明太子統遺以金縷木蘭袈裟遂以天衣名寺後有十峯堂堂之前有唐李邕撰碑今斷石尚存宋淳熙七年王子魏惠憲王愷詔賛於山中設置衞守崇寧中振宗大師義懷大興法席置烹金爐以接四方來學元至正十八年燬於兵火明洪武六年僧曇敷復建且圯嘉靖間僧德瓚重剏殿廡始復舊勝云

唐李邕碑記畧曰昔者法王以三界爲宅五濁爲家四生爲子大度爲門轉置熱惱之衆延巢清涼之都念茲在茲廣矣大矣法華寺者晉義熙十三年釋曇翼所建也師初依廬山遠公後詣關中羅什早入禪慧尤邃佛乘與沙門曇學俱遊會稽覩秦望西北山

其峯五連其溪雙帶氣象靈勝林壑虛閒營卜蘭
若專精法華感普賢菩薩爲下俚優婆提稀子于
竹隹寄釋種于蓬室及杲日初上相光忽臨乘喬
上漢師想望太息沉吟永懷葉公好龍已遇眞物
羅漢測佛獲了聖心太守孟覬以狀奏聞因以爲
寺則知妙法者眞如之正體蓮華者凈道之假名
是故宗厥經署厥榜了無量義成不住因至若高
僧慧基邑人陳載皆踵武宗跡傳燈龔明或五性
範堂或七寶規殿立普賢座進蓮佛藍固足以發
慧印啟玄門入位畢臻出家皆應或慧舉已徹或
昭明再造或簡文瑞像或武帝香爐寶扇吟風珠
幡交露僧繇墨意盡長毫之妙光宮女經功織大
身之寶相百寶盈于九隅羣經備于三藏所以神
鐘警夜保賢聖之大居祥鳥肅賓迓軒蓋之雲集
登山而野曠心空浴水而垢除意凈性通七事成
總八關金杖五分優劣既等繪綵四色功德豈殊
頃希亳州刺史前此邪別乘太原王公名法海去
煩惱之外嫌得慈悲之內寶起普賢臺一級寫法

華經千部廣化人吏大啟津塗即普賢臺立法華社地效其靈山呈其秀夫名者事之華碑者物之表其或表不立則瞻仰失容名不典則纘述無地願言刻石是用齊山其詞曰會稽南山秦望北寺高僧環住聖跡標寄耆闍比丘法峯取義羣佛護持歷國檀施陸寶大來海珍總萃幡影連珠象光發瑞臺壓龍首殿開鳥翅松巘蕭疎竹澗蒼翠綱紀有光禪律不墜掾曹正直別乘仁智作爲碑板贊述名字

（宋吳融詩）寺近五峯陰穿緣一徑尋雲藏古殿暗石護小房深宿鳥連僧定寒猿應客吟上方應見海月出試登臨

（王十朋詩）稽山高入雲鑑湖濶浮空禹秦有餘跡晉宋多鉅公我來歲及周夢寐懷清風兹欣天氣佳扶桑欲曈曨駕言天衣遊盍簪盡鵷鴻經夕戒行李如期集仙宮聯騎出城南行行指秦峯千巖競吐秀眼界淸無窮招提在何許十里松陰濃林端忽鐘磬與客爲先容羣簪擁花界雙環鳴寒空試將比天台大畧如思豐首讀李邕碑妙理開昏蒙細觀元白詩丘

壑羅胸中蕭壁尚堪面梁薪幾經烘慈宮現有相禪客談無同朝陽最嶄絕白雲林其胸杜鵑天下無至今映山紅翼僧始開山道業聞清東惠舉詔不起高價傾江東袈裟縷黃金宮女自針工昭明親抱送禮意何太恭白馬忽渡江臺城喪英雄國破遺衣在丹青落塵容我輩皆書生意氣飄如虹蝸展共尋幽寧求香火功載酒懷賀老招隱思戴顒賦詩效吹臺一飯敢不忠況我賢使君德宇尤疎通楚醴餉百榼白衣走山中嗟余何爲者天資愧悾悾謬與酒中仙偶向蕺山松同年妙詞章況有山水供古詩如古琴山高水溶溶背囊小奚奴捧硯長鬚僮勝遊興佳作二美今且逢品題偏羣英波瀾及孤蹤掬水美花句比擬何凡庸茲會如蘭亭同行類荀龍盛事在詩史奚用呼畫工（元）

（韓性詩）春流雙澗深曉色十分陰勝地青蓮宇千年靜者心焚香入空翠鳴磬出幽林去路白雲滿禪宮何處尋

天章禪寺去縣西南二十五里承務鄉地名蘭渚山王右軍蘭亭曲水遺址在寺側舊有右軍畫像及書堂宋元尚存宋至道二年仁宗降御書特賜天章寺額紹興八年高宗降御書有蘭亭序碑元季寺燬于火碑像猶在明永樂六年僧智謙重建寺宇舊有供應田千餘畝今漸蝕于民間

青蓮教寺去縣西南七十里溫泉鄉地名蓮華峯唐乾符二年僧圓鑑建號蓮華院治平三年改賜青蓮院

融光寺去縣西北三十里本名柯橋接待院舊柯亭即其地云宋紹興六年僧智性創後改名雲祕院元末燬廢明洪武十四年僧海印

重建正統間賜經一藏構重屋以貯之賜今額歲久湮滅萬曆間太學生王應遴經營購募得全藏築御經樓石簣陶望齡爲之記

法雲教寺去縣西北十里舊名王舍城寺吳越王時建宋開寶七年改名寶成寺大中祥符中方改今名建炎初燬于火僧道亨及契彝復修元末燬廢明正統初佛殿圮壞僧月澄宗瀕重搆俗呼爲王城寺

本覺教寺去縣西北一十八里梅山即梅福隱居之所後唐清泰三年建號靜明寺有雲峯堂上有適南亭郡守程師孟建陸左丞作記又有子眞泉碑記歲久剝落不可考明錢續詩梅福多年寺停橈試一來路緣青嶂入門

對句雲開野蔓藏仙片山茶薦客盃平生耽勝賞日暮未言歸〔王守仁詩〕春風吹晝舫載酒入青山雲散晴湖曲江深綠樹灣寺晚鐘韻急松高雀夢閒夕陽催暮景老衲閉柴關

智度教寺去縣西北五十五里後唐天成三年建周顯德元年改名旃檀宋大中祥符元年賜今額有江聲月色二樓又有大樹軒慈雲樓經遠堂瑞竹軒幽勝可遊

安康教寺去縣西北五十五里清風鄉地名安昌唐長興元年僧安普建號安昌院順治初年僧凡成重建

明因禪寺去縣西六十里夏履橋西湖之塢晉開運二年王承益捨地勅建賜名遇明禪院宋治平三年勑修有懷素書匾遇明山三字近以兵燹失之寺

惟玉泉井凝碧池濱
雪澗名人題咏最多

六峯護國寺去縣西南三十五里周武帝勅建至宋朝荒廢明崇禎年間僧成賢重建

臨江寺去縣西六十里一名牛峯寺寺在山麓山有峯屹然明王守仁改為淨峯明劉基詩天下干戈墻未能遇山佳處且須登日烘灌木啼黃鳥風動殘花落紫藤埋迹自非逃世士息心也愛坐禪僧一聲長笑雲霞裏頭上蒼崖似欲崩王守仁詩洞門深鎖青松飛磴纏空轉石峯獰虎踞崖如出神斷螭蟠頂訝懸鐘金城絳闕應無處翠壁丹崖尚有踪天下名區皆一到此山殊不厭來重

福安教寺去縣西北五十里塗山東麓地名西扆

後唐長興元年建號賢福院宋治平元年改賜額今

鑑湖顯聖寺離城五里鍾堰橋北宋僧體明修建

上方教寺去縣西北四十五里清風鄉上方山晉天福二年僧寧光建號上方院歲久頹圮明洪武十二年僧弘重建

乾峯寺在蘭亭西唐咸通中建後廢爲胡姓世業康熙初捨地延僧智黯重興

下方禪寺去縣西北四十里即古壽量寺後唐長興三年勅建寺久頹廢其西院僧庵治跌悶接骨膏　年重建廣恩善果實相傳不替

靈秘教寺去縣西北五十里馬鞍山之西北梁大同十年將軍毛寶捨宅建元至正十八年燬于兵燹明永樂元年僧法命

重建越二百年又廢萬曆間僧文禮復興

鷲臺教寺去縣西四十五里地名蒔里晉乾祐三年僧一清建號重臺院宋治平三年賜今額

崇教禪寺去縣西九十里天樂鄉地名山西粱大同元年僧大訥建壽廢周顯德五年鎮海指揮使薛溫重建號新興塔院宋治平三年改賜崇教院東百步有越王城

普香教寺去縣西北五十三里禹會鄉地名前梅宋乾德三年建開寶三年吳越王給觀音普賢院額開寶六年改今額歸併寶林寺

鏡清寺距城二十里唐天成年間建元皇慶間燬順治間朱金

吾室張氏法名浄禾捐貲重建同女雪照
焚修今曹洞三十三代僧蕉菴範住持

興教寺去縣西一百十六里晉天福五年僧祖印
建號興善院治平三年改賜今額明蕭昱詩迢遞尋古刹寂寞見
聳峯好竹無人掃繁花對客紅雲垂僧院靜雀下
佛壇空興盡方歸去春山落照中王埜詩古栢寒
松是處逢門前山色倚層空老禪定後談元寂一
樹梧桐花落午風又詩勝遊清興竟如何翠濕荷裳
露氣多試問禪心與僧〇一在謝墅順治年間僧
臘古松無恙水無波　白雲重建今僧普滋繼席

蜀阜寺去縣西北四十五里舊名集善教寺宋太
平興國元年里人馬氏捨地能法師建元皇慶二年燬于火
泰定二年重建至正
十五年復建圓通閣

光相寺一在縣西四十里宋時建僧至善重建法嗣雲齊住持一在城之西北東晉義熙二年建越王祠在寺左

環翠寺去縣西南六十里宋時建

雲峯寺去縣西五十里其地盤龍廻繞天然大觀明劉青田遊憩于此

廣福教寺去縣西三十五里地名壽勝埠僧思純建宋治平四年賜壽勝院額紹興三十二年改廣福院元季燬于火明洪武十五年僧得悅重建

延福教寺去縣西六十里新安鄉牛頭山之麓晉天福三年建宋開寶六年給安國院額大中祥符元年改賜延福院建炎中燬于火紹興五年重建景德初陸太傅軫嘗肄業于此寺西北隅舊有陸太傅書院今廢

慶壽教寺去縣西六十五里地名烏石宋開寶七年僧思順建號烏石院大中祥符元年改賜慶壽元至正十一年燬于火明洪武二十三年重建

延壽教寺去縣西八十二里地名江塘後唐天成四年僧思華建號普安院宋大中祥符元年改賜今額

長慶寺去城十里鍾山地方明季僧瑞𠂆重建今法孫普滋繼席

寶嚴講寺去縣西一百二十五里天樂鄉晉開運二年建漢乾祐元年吳越王純清加純一塔院額宋大中祥符元年改賜今額

慈禪寺去縣西一百十二里天樂鄉晉天福三年

僧道山建號天長院宋大中祥符元年改今額

資壽教寺去縣西一百里晉開運二年僧文遠建號延壽院宋治平三年改今額

戒定教寺在縣西北五里迎恩鄉先名虹橋接待院宋紹興五年僧法宥建明洪武十一年僧添育重修

崇福教寺去縣西北五十里地名錢清宋建隆中建號浴堂院乾德二年改法水院大中祥符八年改崇福院元季燬明洪武十四年僧仲芳重建

阮社教寺去縣西三十五里地名阮社唐乾符三

年僧守中建元季燬于火歸併柯亭靈秘寺

翠峯禪寺去縣西北三十五里宋紹定五年吳越錢王后捨地僧道益建號翠峯寺歸併崇福寺

彌陀教寺去縣西三十里梅市鄉地名福嚴元泰定元年僧普吉創勑賜前額元季歸併柯亭靈秘寺

普照禪寺一名柯山寺在縣西三十里晉永和年間勑建

晃旒寺去縣西一百三十里晉開運二年建地名大巖

妙明寺在東如坊萬安橋北宋時建明呂文安公孫天成修

香林教寺在縣西四十五里地名典塘漢乾祐三年建號寶林院治平三年改今額元季燬于火歸併廣福寺

永興講寺在縣治西北四十里溫泉鄉地名黃山晉天福八年僧紹澄建歸併青蓮寺

慈恩教寺在縣西一百二十二里後唐長興二年謝君彥捨地建晉天福七年吳越給永安院額宋大中祥符元年改賜今額歸併延壽寺

惠悟教寺去縣西一百二十里天樂鄉地名黃灣周廣順元年建號全悟院宋治平三年改今額明永樂元年重建改觀音堂歸併資壽寺

報恩講寺去縣西一百二十三里天樂鄉地名麻溪宋乾德四年賁珍捨地建彌陀院宋大中祥符元年改賜報恩院元季燬于火明洪武十三年重建歸併寶嚴寺　報恩寺有二一在縣西三十五里唐乾符三年建崇寧五年重修

資教寺去縣西一百二十里天樂鄉晉天福七年建吳越王給城山院額宋大中祥符元年改賜今額明洪武中重建法堂佛殿

廣利講寺去縣西一百二十里清風鄉宋開寶九年柳公訓捨宅建吳越時名清化塔院額大中祥符元年改賜今額歸併寶嚴寺

安隱教寺去縣西北一十里隋開皇十三年建後唐高伯興重葺號安養院宋治平三年改賜今額歸併戒定寺

保安教寺去縣西北五十一里禹會鄉晉開運元年建號保寧院宋治平三年改賜今額

廣濟教寺去縣西北五十五里禹會鄉晉天福六年建號聖壽院開運元年改嘉宥院宋大中元年改賜今額

寶積禪寺去縣北二十八里感鳳鄉先名三江玉山觀音堂宋

乾道元年僧用欽請今額後廢欽僧無量重建併建文昌都土穀二祠於寺之右

隆興教寺在縣西七里靈芝鄉宋泰始元年建號香嚴寺大中祥符二年改爲提舉司乾道五年復賜今額

花徑禪寺在縣西南二十五里迎恩鄉元大曆二年建順治五年僧少微重建僧九達印可住持

寶壽講寺在縣西一百二十里天樂鄉唐貞元三年僧純一建周廣順三年給永豐院額宋祥符初改賜今額

長壽禪寺在縣東北二十五里感鳳鄉晉天福六年鄉彥超捨地僧法義建

大慶尼寺在縣南三里雲西坊晉永康元年建宋大中祥符元年增修元以來久廢

龍山寺去縣西北五十里

曹山古報恩寺去城七十里順治三年僧啓元重建今法嗣仁趾繼席

華峯寺去縣西南三十里寺久圮改爲朱華山庵康熙六年僧介巢募資重建寺始復山下有南院係陳法祖所捨介巢建爲下院

興聖寺康熙壬子丑月檀越光祿寺王三傑輸金買山請南烱禺重興鍾山院第一代禪師

靈石禪院去蘭亭西十里名曰東坑溪山幽邃人

跡罕至產一石筍壁立數仞狀如巨人晉王羲

曾遊於此勒詩以誌唐時爲震雷所擊明季至國初石復長如故衆以爲奇

號曰靈石僧自省因而建院

興教院在縣南十五里承務鄉晉天福四年建號道林院宋治平二年改賜今額宋末燬明天啟五年僧寶舍移建于梅山嶺去城六十里順治初年又移建于迎恩門外地名婁港去郭五里雲棲法孫内衡銓藏靈骨於其中

奉聖院在縣南二十五里承務鄉唐開元十六年建號戒檀院宋大中祥符改今額久廢

華藏院去縣西南二十五里承務鄉唐咸通四年

建號華嚴院宋治平三年改今額久廢

寶壽院去縣西三十五里迎恩鄉唐大順三年建宋大禧初改建清化院景德初改寶壽院順治七年僧大鼎重建改爲寺今法嗣山容繼席

萬勝禪院去縣二十五里迎恩鄉唐大順年間建順治九年僧德明重修

普嚴院在縣西一百二十七里元至正初僧善建至

秀峯禪院去縣西三十五里銅坑嶺邊擲越捐貲請僧隣濟一齋重建

太清蓬萊道院在縣東北六十步臥龍山麓元延祐三年邑人孟成之捨地道士張玄悟建明嘉靖十六年知府湯紹恩改名太乙仙宮二十一年知府張明道復題爲額紫陽道院後

道士虞宗衍置地建東西二樓久而傾圮順治十
四年邑人以酒樓遺址建美政坊士穀祠縣令朱
憲文特裁
時致祭焉

玉虛道院去縣東南二里元大德四年道士呂雷
山建弘治間道士
馮廸玄增修

治平道院在縣東南三里元大德四年里人溫平
捨地道士徐仙翁建

萬化禪院去縣西二十里地名石涇康熙六年間
里民陸慧鑑捐貲延請芥嶾禪師因廢復建

檀香禪院去縣西北五里北海橋東順治六年僧

異目建

天妃宮一稱廟詳見後卷

東嶽行宮在縣東北四里宋大統二年邑人全少保捨地道士林處茂建

開元宮在縣東南二里許唐開元二十八年建郎六十甲子毀宋時已廢

熒惑宮在縣東北大節祠嘉靖二十一年知府張明道改爲愍孝祠

瑞應宮在縣西北十里宋皇慶間建元至正巳亥燬于火今[illegible]

浴龍宮在虹橋乃宋理宗兄弟幼時浴處

祐聖觀在臥龍山東麓岸側有則水牌嘉靖二十年知府張明道改刱大節祠

雷殿在臥龍山上府城隍廟東

元帝殿舊在蓬萊閣下郡守汪綱移建臥龍山上崇善王祠前所建元帝殿城鄉多有不具載

聖父殿在縣東北三十三里陡亹閘上祀張大帝生父靈澤王總制梅林胡公宗憲撰碑覇石煥然

都土穀廟一在縣東北三十三里五都陡亹一在

（雍正）山陰縣志　卷十五

縣西北四十里三十三都湖門鄉隅稱都者甚多
惟二廟專祠祀本都之都土穀神有六曹衛士束
帶侍立

指月禪院在縣北三十里僧若魯王通建爲接待
雲水賴之少憩

福林禪院在縣北三十 晉天福年僧茂宗開
山後毀於火今僧戒舟重建併法堂

善福禪院去縣四十里順治年間僧自剛建造朱
陳二姓捨地

府城隍廟圖
越望亭
柴翠亭
文昌閣
城隍殿
甬道
祠

城隍殿
書院
王公池

山陰縣志卷第十六

祠祀志三

廟　菴　墓

郡城隍廟在縣治西臥龍山麓山之上下各有殿殿廡殊制上有吳越王鏐碑記詳載郡志中（明王誼詩）縣崖幾轉路如梯闌楯憑虛俯澗霓高閣迴臨飛鳥上層城半繞臥龍西雲籠疊嶂脩蛾偃烟寫遥空匹練低無限夕陽平遠景重來看我向君題（謝太傅遷詩）迤邐岡巒隔市塵巖嵲臺殿集高真天低象緯先分曙地接蓬壺獨貯春大府建牙森棨戟仙壇煮石足荆榛蕭前多景真奇絶老眼于今又一新○上殿西偏有星宿閣前列梅嶺諸峰最爲

勝絕（蕭鳴鳳詩）岑樓殿虛牖羣峯翠堪拾獨卧春宵靜乍瞑秋風入溪雲忽成雨幽竇泉聲急夢過天台巔足下星辰溼（沈麟趾詩）萬木蕭條衆壑風春來猶自卧蒼龍澄湖百里烟波靜遙嶺千重黛色空殿倚雲霄燒寶鼎宮連星斗響虬鐘倦來一覺香臺上呼吸應教帝座通再西有湖山一覽堂下瞰王公池前帶鑑湖○下殿之東有思敬堂前有池曰凝碧（因有凝碧池頭奏管絃之句於義未協改爲靈筆池）西有劉太守祠東有文昌祠（張元忭所建康熙二年係有聞捐貲改建爲閣）

縣城隍廟 按舊志嘉靖二十一年知府張明道知縣許東望新建於大淸宮側後知縣耿庭栢建于

演武場東紫金坊規模益加宏麗

火神廟在寶珠橋之側嘉靖四十四年縣多火災知府楊兆相建以祀熒惑之神

塗山大禹廟去縣西北四十五里禹會鄉塗山南麓世傳禹會諸侯之所宋元以來咸祀禹於此明始即會稽山陵享祀廟遂廢一在三江巡檢司北唐杜甫詩禹廟長藤蘿生靈享祀多九年非禹力天下盡江河宋王十朋詩遙目英雄吞四海血祀初期千萬載稽山木像棄長江逆沂波濤鬼其餒烏喙辛勤十九年平吳覇越世稱賢故國無人念遺烈山間廟貌何凄然馬守開湖利源迴歲沃黃雲九千頃年來遺跡半湮蕪廟鎖湖邊篆烟冷吳

越國王三節還盡將錦繡褁江山自從王氣熄牛
斗廟北邸王屋一間乃知流光由德厚祀典誰能
如夏后九年洪水滔天流下民昏墊堯心憂帝懼
萬國生魚頭錫禹洪範定九州功成執玉朝冕旒
奔走訟獄歸歌謳南巡會稽覲諸侯書藏魅穴千
丈幽蟬蛻塵寰不肯留千古靈廟依松楸吾王盛
德與禹侔菲食卑宮惡衣裘思禹舊績祀事修小
臣效職躬薦羞仰瞻黼冕懷遠猷退惜分陰慙惰
偷嗟乎越山高兮可堙而疇惟有禹
貢聲名長不朽昔成世祀無時休

朱太守廟在昌安門外文應橋西漢太守朱買臣
守郡郡治在吳而越民思其功故立廟祀之張世呂詩
會稽太守吳門客昔年負薪人不識衮龍天近日
易明天馬門深露猶濡漢家天子登夔龍百年禮
樂唐虞風金印歸來大於斗錦衣直照天南東丈
夫英雄誓許國生當封侯死廟食烏啼老屋起秋

風淚痕滓

透羊公石

劉太守廟在禹會鄉郡人建以祀漢太守寵唐曰靈應廟宋改封靈助侯元至正間周祖紹移建於錢清北鎮（元王叔能詩劉寵清名舉世傳至今移廟在江邊近來仕路多能者也學先生揀大錢高啓詩亭亭樹間祠落日小江口停舟井孤像閒幔蒼鼠走憶公治郡時德感山谷叟臨行謝其饋清風在茲久我方東征急不得奠杯酒惆悵出烟扉前村夜聞鵑）

馬太守廟在縣西六十里廣陵陡門上一在鑑湖東漢馬臻為郡守開創鏡湖築塘蓄水遺利甚溥民立祠祀之（宋王十朋詩會稽疏鑿自東都太守功從禹後無能使越人懷舊德至今）

廟食賀家湖（宋徐天祐詩）澄湖昔在鏡中行總是當時畚插成莫訝靈祠荒蘚合烟波萬頃已春耕

梅仙廟即梅福在梅里尖之麓去縣西二十里嘉靖間知府張明道即梅山寺立像祀之

吏浩廟浩守越奏免湖田糧恤災庇民民爲立廟額曰彰德在戒珠寺前

王佐廟在縣西七十里山西村其墓在焉

愍孝廟在卧龍山之東寶珠橋下宋孝子蔡定痛父非辜陷刑辟投水府橋河中冀免父刑太守王詢奏聞於朝立廟祀之賜額愍孝

鮑府君廟舊在陽堂山東北嘉靖十六年知府湯紹恩改建於能仁寺西鮑郎名蓋後漢人爲縣吏有功德于民歿葬三十年其尸儼然如生郡人追思其德立祠祀之

武陵王廟在謝公橋北祀梁武陵王紀嘉靖間知府洪珠改建社學

祠山大帝廟在府橋東宋時所建神姓張名渤佐禹治水有功土人思之立廟以祀

都土地廟一在縣東北水澄坊如坻倉東一在戒

珠寺前

五顯廟在縣治東南五顯坊內其餘五顯廟最多不殫入

關王廟在縣南演武場內各坊里所建者以百計

解元廟在縣南十五里

龍户廟在鎮東閣之側

江東廟在縣城東北三里神姓石諱固秦時贑人祀于贑江之東漢陳嬰討南越神顯靈以捷報此廟祀之始也越之有廟不知始自何時惟見宋賜額曰嘉濟又一在諸暨縣東

孔府君廟在縣城南二十五里又稱孔郎廟晉孔愉也世說孔車騎少有嘉遁意常獨寢高歌自稱孔郎遊散名山百姓謂有道術爲之立廟今猶有孔郎廟舊志又云愉隱新安山中改姓孫氏以稼穡爲事信著鄰里後忽舍去皆謂爲神人又一在故宅畔

虞山廟在縣城西七十里夏履橋

鄭太尉廟去城十二里在樵風涇宋華鎮序曰鄭相起樵風是也以郡守第五倫之薦致位三公與

倫並列可謂盛矣祠宇之下至今猶有風朝南暮北鳴玉鏘金漢上公當年榮與舊君同故山廟食千秋後來往猶乘日暮風事載廣輿考

神洲娘娘廟在卧龍山後

柯橋城隍廟在縣西三十里明洪武丁卯年居民任仁公募建今稱鎮

西湖廟在縣西四十五里夏履橋西山之麓元時有袁氏伯仲叔三人俱正直忠厚有功于里歿而奉爲保障云

稽山大王廟在縣西十五里明蕭鳴鳳讀書處有記郡東南巖壑最美而神所棲則鸜鵒山北麓也林小而秀谷淺而幽前後八鄉廟是神而俎豆焉詰夫經始與神之營

來或曰神與禹共治水有功夫禹功赫赫萬世而茲神不顯獨俎豆一方何也俗稱神掌百虫昔伯益司昆虫草木會號百虫將軍意者此其是與又曰廟初址構于他處一夕風雨移之以神之英靈此事誠宜有之廟面秦望方峭魁正如玉屏右筆架左天柱香爐琵琶諸山橫其東銀山亭山蜿其北連岡複巘四合而奔衛其中塍畝百頃川渠交錯會稽佳山水一憑几而幾盡之矣神宮旁有椽數楹墻數匝高松古栢數百顆風來月度時時作笙竽聲瓊瑰影春夏日衆鳥交呼嚶嚶不絕及欲振袖高峯橫睇羣峭自後皆舉足數十武即陟其巔不煩載屐升也至夫氿漣漪採菱蘋蒼波白水相去不過百尺地故仰而即山俯而即水登臨者莫此爲適惜乎余之不文不足發揚茲山之美西望五里蘭亭以右軍傳南眺十五里秦山以秦皇傳東瞻八九里禹穴以太史公傳茲山也其孰揚之而孰傳之與將不恃于人而仍恃神以揚之傳之與沈麟趾詩半壑臨秋水松陰遍上方書聲和

梵響講席開禪房老衲依然健新篁
如許長山門閉眺望雲樹共蒼蒼

武肅靈臺廟在一都五啚

四王廟去縣西一十里蓬萊驛前

雙廟在縣西北三十里梅墅鄉朱咸地方皆祀土穀者宋時建

張大帝廟去縣東北三十三里陡亹閘上自昔題請祀宋漕運官張行六五者嘉靖十六年知府湯紹恩築三江閘以神有捍海禦倭功立廟新閘堤上內有湯太守祠閘成民戴其功祀之神本長山人最靈顯

於陡亹祀典春秋二祭三月大日聖誕本縣躬往致祭競集龍舟以稱慶坊里建廟甚多不殫載

靈惠侯廟在秦望山之麓去縣南三十里

聖姥廟去縣西南三十里

柳姑廟去縣西十里胡桑埭之東前臨鏡湖葢湖山勝絕處也

靈助侯廟去縣西五十里錢清鎮上

銅井瑞澤龍王廟去縣西三十里

天妃廟去縣西北十五里在城者四一在府山後一在大營一在水溝營一在光祖橋西皆運官建

景氏二廟去縣西九里

感聖侯廟去縣西北二十里感聖湖上詳山川志

葛元廟在縣北十五里靈芝鄉大葛村今爲大葛

土穀祠

昭澤侯廟去縣西南七十里溫泉鄉其神姓宋本富陽巨族生有神靈成化間溫泉鄉多虎患故建

謝尚書廟在瀝渚埠去縣西南三十五里

虞山廟在夏履橋去縣西七十里

防風廟去縣北二十五里禹戮防風此其遺跡

興福侯昌王廟　王姓金諱昭孫家於山陰東浦金保長之孫也宋理宗時爲太尉寶祐間適淮西寇叛受詔討賊奮勇血戰以身殉國後理宗召其女入宫中問曰爾父没于王事朕念之令人可哀對曰妾父可念淮湖之民尤可念也理宗異之遂納全氏爲太子妃度宗皇帝咸淳三年册立爲皇后恩封昌王精忠偉烈炳耀兩間鄉人立廟祀焉㔾封本境土地興福侯迄今靈應顯赫地方丁秀耆處奉之不替

項羽廟去縣西南三十里項里溪上俗傳項王不喜舍宇揣石亭數座詳山川志

福順王廟在縣西北七里

贊禹龍王廟在縣南二里

利濟王廟在縣西南五十五里祀東漢太守馬臻

七尺廟在縣西四十里湖塘村禹戮防風氏屍遺鑑湖之溫泉鄉後賀知章第五子沒而保障于此里人搆廟掘地中得脛骨長七尺因名焉

畫壁關王廟在縣東南一里明初繪像于壁靈顯

倍常

紹興娘娘廟在大善寺內梁天監三年有錢氏女未嫁而歿遺言以奩資建寺僧澄貫主其役寺成賜名大善又勑封錢氏爲紹興娘娘

菴

蛾眉菴在縣東北一里內有活石隱起僅二尺許俗人誤認爲八山中之蛾眉故名

集慶菴在縣西一里卧龍山下王公池側宋咸淳五年僧法雨建

圓覺菴在縣西一里卧龍山麓元大德二年建

淸涼菴在縣西半里許

顯慈菴在縣東南半里許

捨子菴在縣南四里

覺道菴在縣西一里卧龍山麓元大德三年僧浮耆建旁有三汲泉

石室菴在縣北二里晝錦坊元至正二十五年建

妙心菴在縣北三里新河坊宋咸淳十年建

淨聖菴在縣東南一里許

淨明菴在縣北四里許

紅蓮菴在縣北四里許

奉眞菴在縣東北四里

大乘菴在縣東南二里今改爲土穀祠

市門菴在縣東南二里

止水菴在常禧門外賀監于此止水東漢會稽太守馬臻築塘捍湖祀土穀龍神南去里許馬太守墓與祠在焉萬曆間僧玉峯鼎新有黃齊賢碑記崇禎庚辰里人金一和重修建

琶山菴在縣南八里許承務鄉宋乾道六年僧仕育建

雲西菴在縣東南三里

清遠菴在縣東北二十里感鳳鄉地名石泗宋乾道二年待制陸佃捨地僧志誠建

石宕菴在縣西九里迎恩鄉地名九里宋乾道五年僧惠明建

積慶菴在縣北十五里靈芝鄉宋紹興二十年建

湖山菴在縣西南十五里迎恩鄉宋咸淳二年䢖

善維建今歸併戒定寺

稽山菴在縣南十里承務鄉宋嘉定十年僧智惠建

蟾山菴在縣東北二十五里感鳳鄉宋咸熙十六年建

崇慶菴在縣東北二十五里感鳳鄉

柯橋放生菴去縣三十五里康熙己酉闔鎮捐貲買珠字號莽蕩放生

袍瀆菴在縣東北二十里巫山鄉宋建炎二年建

永仁菴在縣東北十七里

梁家菴在縣西北二十五里

澄心菴在縣北十五里感鳳鄉元至正二十五年建

翼龍菴去城五十里遺風地方順治年間僧慧劍重建

雙髻菴在縣西南七十里温泉鄉上村地方明時建

大悲菴去縣四十里地名徐村僧古梅重建

渡船菴在南堰門外有二船渡往來者

南秀菴在南堰門內

石泉菴在縣南十里宋時建

無量菴在縣城南二里

靈鎮菴去縣西北六十里禹會鄉樗里地方

永慈菴去縣治五里在印山之前背山臨流地甚佳勝明建坊旌義董氏特建以奉佛其子張毘丞毋志捨僧作禪院

大樹菴去縣東北十里大樹港之滸宋高宗封其樹爲松楊長官故以樹爲神本邑文學單國驥撰記宋靖康之末高宗初迎兩宮于金營將留以爲質金人不知帝爲徽宗子也遣之既出有云若爲康王且有天子氣盍速追之於是兀朮以精騎三千尾而追之高宗之馬罷而邂逅有神贈以馬浮水而過覰之其馬化爲泥始知爲神馬也立爲祠祀之此其事傳矣乃有松楊之神更奇於馬者而事反不傳且及今五百

年英靈烜赫尤有足多者焉松與楊蓋二木也在越城之西北十餘里今所稱大樹港其故址也一木高且大不知植自何代弗可攷矣時金人追康王急至大樹港長河瀰漫無以濟松與楊忽自拔其根偃于水兩木相向如覆舟狀帝緣木而渡及崖顧其木乃昂首自植已而金兵至望崖際袤廣無一戢枝繫疑之其松根砍裂樹杪水滴滴不絕且隔岸長楊亦然度木所濟者怒而伐之截為數段委於河而返高宗得入西門官軍護駕駐越州乃曰非松楊渡我不及此使人至樹所驗其跡報曰金人斬松而退其楊亦自萎矣遂以長官封之故後人相傳曰松楊長官云木生而有知者亦而益靈因漂泊于城之西北若護城郭狀俯仰浮沉出沒自如雖疾風不為上雖湍流不為下予家界大樹港五里許自幼及長往來棹舟時歲必三四遇觀其色黟而澤長不過丈許大可一圍行舟者偶遇之多吉見而有意觸之災禍立至或因水漲時入隄即偃臥隄上雖遲久土人不敢犯至水復

來仍乘流而去此迨古今一神物也尤異者自南宋迄今五百年所未嘗離于數十里之外至順治丙戌以後凡十年許不復見己亥冬日復出大樹港東南隅橫眠波上於是邑人某某者集百餘人迎其木于崖爲築廟祀之嗟乎聞諸陳封石爲三品始皇封松爲大夫彼頑而不靈者得大位松楊之功烈高矣而乃薄其封則今之享大官厚祿不崇朝而喪隅失節焉者對此木能無愧乎

何山菴在縣南五里承務鄉

上方菴在縣南四十三里承務鄉宋咸淳六年僧一大建

清秀菴在縣南十里承務鄉宋嘉定十五年董仕義捨地建歸併至大寺

六度菴在縣北三十里巫山鄉王相橋北萬曆年
王恭簡公偕僧處空建

六度菴在王相橋畔初一像耳萬曆間開士處空修普賢行先恭簡爲拓地結菴時橋圮處公督其徒營綜橋事橋去三江閘不二里受諸浸衝閘通水決洪濤崩瀉魚鱉顛倒舟楫戒矣于是廣門鋭礎以駛流而殺勢益以絶竹邪許以相濟者便焉且晝飲宵燈雨笠施行者靡弗至自改建來垂五十年舟絶覆溺行絶艱虞則菴德也先恭簡以今名額之明是菴之有處公也外弘傳施内斂實修六度舉而萬行囊矣嗣之者林谷益修禪定進之向上問道天童服盧祖之行不言而躬造朴表明中其臨衆也和氣肅繩好延納諸方諸方至者如歸山和尚每過鑑湖必先六度六度之名重于諸方矣顧師自視則歆然也嘗痛法道秋晛蓺席混濫意欲剗鉏毀拂消聲滅影與諸學子向古劇

香爐邊領取威音那消息則居然舡子誠光座主之風矣橋成而菴拓又得林師主之大而久日對焕也菴規創無崇麗相作準雲棲堂寮取足供佛棲僧山門庖湢具體而已然入之而舍宇無塵行庭無人嚚鉢無声肅肅焉括括焉其門庭爲何如耶菴之址爲地八畝許其施於菴而飯僧者爲田七畝許先恭簡許志之久于官未果亹自丙戌遜訪緇髡庚寅之冬山和尚主大能仁寺請受戒林師爲教授數以記屬亹以先志不敢辭次其大畧以告夫後之居是菴者知有處公林師之人而后有是菴也（山陰王亹撰）

萬窠菴在縣北四十里齊賢里蓬萊山北萬曆間處空開士相瓢此山與其徒徧虛道等手自誅茆王恭簡公見而從恿其成遂建焉山陰祁熊佳記

峽山菴在縣西南二十里承恩鄉元至正十五年僧智惠建今歸併大能仁寺

盤峯菴在縣西南五十里溫泉鄉洪武二年惠生捨地僧文顯建今歸併天章寺

清淨菴在縣西南七十里溫泉鄉地名寨口宋元祐七年劉氏捨地僧法惠建今歸併青蓮寺

湖門菴在縣西北三十里宋咸淳三年包氏捨地僧惠登建

道堂菴在縣西北三十里梅墅鄉地名福嚴宋咸

淳二年建今歸併柯橋寺

道林菴在縣西七十里新安鄉宋淳祐二年曹宗榮捨地僧道林建

清惠菴在縣西七十里新安鄉宋咸淳二年建

望江樓菴在縣西北三里宋時建

萬春菴在縣西南四里上植坊元時建

永慶菴在縣東南半里美政坊宋時建

會日菴去縣西北五十五里禹會鄉僧陞懋建

深雲菴在縣西七十二里新安鄉元統三年建

圓明菴在縣西七十里新安鄉元至元十六年建

靈峯菴在縣西七十五里元至順二年建

清隱菴在縣西一百二十一里元天曆元年建

德脩菴西郭門外諸公韜捨宅友屠昌耀添置田產與玄路師延鷲林和尚傳宗

廣成菴西郭門外里人王元秀同室沈氏捨建并造塔置田供師

萬善菴在縣西一百二十五里天樂鄉宋延祐二年建歸併慈禪寺

資福菴在縣西二十里梅墅鄉宋咸淳二年建

興浦菴在縣西北三十里梅墅鄉宋咸淳三年建

成家菴在縣西北二十二里梅墅鄉宋咸淳元年建歸併上方寺

墓

越王允常墓在縣南十五里木客山

越王勾踐墓在縣南九里

勾踐子墓在縣南三十里夫山上按越絕世家勾踐之後爲王子戹與而庚子不得其名

文種墓在縣西臥龍山麓勾踐既覇大夫文種未能去或讒於王乃賜種劍死葬於此輿地志云潮水至越山失

其屍世傳子胥乘潮取以去之今缺處是也〔宋徐天祐詩〕越種吳胥最可憐傷心賜劍兩忠賢浮丘無地埋靈骨却送潮頭嚙墓田

陳音墓在縣西南五里今名陳音山音越王時善射者詳山川志

〔灼龜公墓〕在縣南五里〔按越絕云句踐客秦伊善灼龜者疑即其人舊云其冢曰秦伊山者未詳按十道志云在龜山之下

〔靈文侯墓〕在縣境漢薄太后之父卒葬于此追封靈文侯今曰靈文侯園

〔諸葵吾墓〕在縣治東北一里府治儀門下初葵吾

將欸囑其家曰漢末當亂必有發塚露骸之禍宜
懸棺下葬府門下其家從之故墓獨存

孔愉墓在縣二十九里即孔車騎

郗愔墓在縣西南二十五里愔本高平人鑒之子
遂留寓於此

謝輶墓在縣西南三十三里晉大元中會稽内史

謝靈運墓在縣西南三十三里靈運欸廣州檐葬
於此

徐浩墓在縣南二十一里

賀知章墓在縣南九里其地因名九里墓在山巔鄉人呼爲賀墓

馬太守墓在縣三里鑑湖鋪西

康希銑墓在縣西三十里蘭亭舊有墓碑顏魯公撰并書宋郡守吳奎撟去又康德言墓在瀉渚㬹石湖傍湖之得名以其墓上有石㬹載碑故云

魏惠憲王愷墓在縣東南三十里法華山天衣寺故址王諱愷宋孝宗第二子也王嘗領雍州牧旣薨命厝紹興善地

陸湆墓在縣西南三十里黃萩嶺上

齊尚書執象墓在昌原

傅墨卿墓在縣西南承務鄉

宋脩撰煇墓在縣九里

朱提舉典宗墓在縣西南三十里苦竹村

王中書孝廸墓在縣九里

陳中書過庭墓在縣南西三十里黄祊嶺上

王特進俊義墓在縣西六十里棲山西尚書佐墓附焉

司馬提舉梘墓在縣南五里亭山

呂顯謨正己墓在縣九里

曾文清公墓在縣南三十里秦望山道樹村曾公諱㡬

杜太師祁國公墓在永昌鄉若竹村唐之淳詩蕭蕭隴頭樹下有祁公墓祁公宋良臣埋骨此其所野老向我言公生我鄉土三十中甲名四十典州府五十任中外六十掌機務七十拜相公八十歸泉路爲人仁且賢職職盡其度身終名不亡烜赫於竹素左右種栢松東西藝禾黍禾黍既離離松栢亦楚楚凡百我里人慮賢當繼武

孫威敏公沔墓在承務鄉

陸太保昭墓在承務鄉左丞之四世祖葬於此墓碑尚存

趙太師墓在承務鄉清獻公之祖與陸氏正相對

墓碑亦存

唐右史閼墓在縣西南三十里蘭亭

李太尉顯忠墓在縣東南三十里法華山

石銀青元之墓在盛塘孫端中邦哲附

唐運使閼墓在縣西三十里古城

石提舉墓在縣南二十里謝墅

太師賀孝敏王士奎墓在縣東南三十里天衣寺

法華山

唐少卿墓在縣西二十五里蘭亭西

邁里古思墓古思係紹興錄事司官掌總督越爲御史拜住所殺溺其首溷中公未死前三日有星大于盃盌墜鎮越門化爲石今墓在蕺山內明吳驥詩

鎮越城邊將星墮蘭臺忽起蕭墻禍殘軍不領戰衣歸屍首那將草裹褁傷無石獸表無文至今不識誰家墳棠梨花開曉無跡墳頭高處羊成羣憶昔孤城臨大敵保全竟賴斯人力當時不見起祁連向後誰能錮陰宅百年陵谷儘如斯故老于今有口碑元堂陰深上花碧萇弘流血應淋漓

唐肅墓在縣南二十里赤土鋪

鐂績墓在縣南三十里直步

羅頎墓在梅山馬莊嘉靖十年知府洪珠立碑表墓

王守仁墓在縣南二十里花街洪溪

白太守墓在縣西北一里許卧龍山之陰即知府白玉墓嘉靖二十一年知府張明道祔祠

漏澤園在縣南七里崇仁三年二月有詔收葬枯骨凡寺觀旅櫬二十年無親屬及死人之不知姓名或乞丐并遺骸暴露者令州縣命僧主之擇高原不毛之土收葬名漏澤園

張元忭墓在南門外南山
徐渭墓在木柵山
趙錦墓在婁家塢
朱爕元墓在九里山
劉宗周墓在平水埠
祁彪佳墓在亭山
孫鑛墓在縣東南二十五里鑄浦山
孫如法墓在縣西南六十里鳳凰山
補

宋狀元開國伯贈越國公王佐墓在山陰縣西六十里山西村竹里峯之麓右有廟像曰忠孝祠同榜進士新安朱熹所書

俞文達公亨宗墓在縣西北三十里張漊近翁代墓碑傾圮裔孫廸功弘舜重建宋狀元方山京撰銘

夏禹王廟在縣東南一十三里正殿七間東西兩廡各七間中門三間欞星門三間大門一間宰牲房一所窆石亭一座嘉靖三年知府南大吉修二十年知府張明道重修記

書碑亭一座碑字嘉靖中季本守長沙從嶽麓書院攜歸知府張明道翻刻入石書奇古難辨

陵殿三間石亭一間碑曰大禹陵齋宿房一所欞星門三間俱知府南大吉建　夏禹陵在會稽山西北五里

國朝遣官祭文

維

康熙七年歲次戊申戊午月壬戌朔越二十五日

皇帝謹遣鴻臚寺正卿加一級周之桂致祭于

夏禹王曰自古歷代帝王繼天立極朕奉

天眷紹纘丕基躬親庶政明禋肇脩敬遣崙官代將牲帛用申殷薦惟

神鑒焉

維

康熙十五年歲次丙辰二月癸丑朔越十有七日

己未

皇帝謹遣通政司右通政加二級李廷松致祭于

夏禹王曰自古歷代帝王惟
天眷命撫御鴻圖懋建元儲前徽是景明禋大典亟
宜舉行敬遣耑官代將牲帛爰昭殷薦之忱聿備
欽崇之禮伏惟
格歆尚其鑒享
維
康熙二十一年歲次壬戌四月戊寅朔越二十一
日戊戌
皇帝敬遣大理寺寺丞仍支正四品俸徐誥武致祭
于
夏禹王曰自古帝王受
天顯命繼道統而新治統聖賢代起先後揆成功
盛德炳如日星朕誕膺
眷佑臨制萬方掃除兇殘廓清御宇告功
古后殷禮肇稱敬遣耑官代將牲帛爰修禋祀之誠
用展景行之志仰企
明靈尚其
鑒享

〔徐諸武詩〕帝命乘傳事越鄉輕帆無恙渡錢塘平成自昔推神禹崇報於今勒祀章窆石亭前碑歷歷卧龍山上樹蒼蒼曉來風雨環封植應是先靈篤降康　〔王之賓詩〕宛委千年樹屈盤昔時玉帛集衣冠稽山廟貌今猶古窆石碑文暑復寒檻外雨來肥薜荔溪邊風度戛琅玕平成功業堪瞻仰萬壑湖光望眼看　〔范共鑄詩〕深山松栢鬱蒼蒼明德堪同歲月長禋祀爭歆陳玉帛趨蹌遙見肅冠裳梅梁會識來風雨窆石幾經共雪霜帝子南巡不復返空留祠廟奠椒漿　〔王元臣詩〕千古安瀾德澤長只今祀事享蒸常平成盡力全忠孝芒度勞心紹帝皇日麗青山見玉帛雲深曉殿獲圭璋殘碑拂拭渾難讀覇業悠悠烟水茫　〔唐彪詩〕茅山祠宇鏡湖東玉帛諸侯此會同一自無餘崇祀典還憑司馬識遺蹤鬱盤林表分喬木髣髴衣冠出故宮回首千峯如拱衛何人不憶夏王功　〔劉陛臣詩〕溪橋流水夏王祠翠竹蒼松立古碑越國千年晉俎豆鑑湖百里被光儀歷毛服脛存風

雨于孝臣忠念鼎彝一自懷襄歸海若神功卓犖
歎奇蹤〔袁悅詩〕神禹陵前松栢長春光草色共
斧蒼子臣盡力存天地貢享何心奉帝王四海龍
蛇歸窆石十年風雨護梅梁平成大業猶堪憶落
日高舟與不忘〔王道坦詩〕爐峯秀色映高枝姒
氏宗冠奕世思司馬稚文留異代越王覇業重當
時千秋勁栢搖青漢十里蒼松覆古碑九載元圭
歷帝錫生民不復見傷痍。〔劉蕭詩〕東南陵谷幾
沉浮留得神宮迥不作碧殿高分爐嶺色朱垣橫
繞鏡湖流平成是處傳勳績樵牧於今拜冕旒石
匱藏書定未泯萬方玉帛有誰儔〔周延翰詩〕四
圍山色列冠裳遺廟巍峩松栢行殿古秋風穿石
紐溪寒夜雨失梅梁惟餘芳草依陵路猶有王孫
繞帝鄉欲問當年巡歷處空林但見鳥飛翔〔姜
甚詩〕神禹何年廟空山松栢秋梅梁垂荇藻窆石
荷沐丘天桂風雲變江潮日夜浮采蘭有遊女歌
次議龍舟〔陸韜詩〕秋日晴光好來臨大禹祠稽
山含秀色鑑水挺芳叢巖壑千年舊烟霞百變奇

宛委留勝蹟石匱探遺思白帝司農候金風落葉尉丹楓隨遠近黃菊正參差俯仰感疇昔徘徊歷路故神功天也頓儉德古今師勁栢搖雲漢蒼松蔭廟碑平成來玉帛疏瀹見分支四海龍蛇蟄一丘巍業持凴高閣眺望更復念春熙〔馬允埥同金機蔘謁禹陵詩〕令序開青陽條風扇芳甸稍稍淑氣回嗜嗜鳥音變蕩漾泝空明溪水碧於練羣峯淼參差蒼翠不可辯珠宮儼崇阿丹檐陵絕巘欽哉古聖王衣冠閟深殿金簡雜再窺元圭儼重見肅拜森心魂摩挲認遺篆名圖追昔遊花竹尚葱蒨憶當全盛時廣集金閨彥觴詠接英流纓緌陪歡讌孔李契夙敦管鮑交無間清尊時共攜笙屢登臨徧小山幽以妍風泉冷然善一朝失典型隙駒逝飛電緬懷叢桂招欲採江蘺薦回首西州門徘徊有餘戀北海樽未空曜靈忽已晏返棹趨城闉榜人迅如箭炊烟縷縷斜夕陽送歸鳥塵鞅方紛綸茲遊良足羨匡牀坐月明孤心繞幽澗

〔康熙二十一年大理寺徐誥武筆帖式齊開禮知

府王之賓山陰知縣范其鑄會稽知縣王元臣各捐俸重裝聖像并建修廟宇金碧璀燦一時聿新

漢元衡記嘗聞天地靈淑之氣萃於兩浙而千巖萬壑競秀爭流唯獨推于吾越故王之陵有三越則以夏山之鎮有四越則以南誰謂於越一隅僻處海濱不足以爭雄名勝彪炳天壤也哉顧南鎮止享明禋於會稽而禹廟則二邑所兼祀

天子登極改元躬親庶政以至行慶施惡勘亂除殘郎遣大臣代爲聳祝聿伸崇德報功之文故冠裳珮履蹡蹡蹌蹌威靈赫濯於以昭示禋柊昳發山川典至鉅而意甚虔孰敢戲渝以褻明神而不凜如在之誠者也邇者閩粵跳梁滇黔煽亂羽書絡繹軍興旁午

臣上威武懋著命將出師宣昭義問不數年間削平羣逆殲渠魁而宥脅從俾薄海盡爲臣妾遐陬俱隸版章其奉冠帶遵車書何異

夏后之時玉帛萬國悉會塗山且幅隕廣敷視大東漸於海西被流沙朔南所暨咸秉聲教克臧一統

之治而獲稱無外之模裘雖追蹤往古繼美神理
豈不盛哉今壬戌孟夏大理寺寺丞徐公承
朝廷之簡命乘傳至越恭祭
禹陵而守茲土者郡侯二韓王公邑侯漢陽范公玉
峯王公相與恪恭敬慎祀事孔明肅牲牷之肥腯
潔黍稷之馨香有嘉德而無違心匪徒循其虛文
沿爲故事已也若夫榱梁之風雨窒石之衣冠古
栝喬松列于左右豐碑巍碣介在東西登臨眺望
俯仰徘徊有不可日皆曠心思俱遠者乎且也諸
公于瞻拜之餘覩
聖像之損其莊嚴祠宇之淪於傾圮黯然失色愁焉
改容共捐廉俸鳩工庀材增美飾華光彩絢爛而
錫圭徽冕之后坐南面以稱尊皋夔稷契環侍其
下不依然當日拜手颺言都俞吁咈賡歌一堂者
乎夫廟貌聿新棟梁無摧鳥革翬飛凌雲耀日將
入廟思敬而神靈勿貽夫怨恫民人得致其尊崇
則明德之思奕世不忘詩云一日之昭假足以殫
在位之恍悃哉是役也

聖天子殷薦之意與賢執事勃毖之志俱於此乎悉
顯云

東嶽眞君廟在縣東二里眞君二月初二日誕辰里民祭賽甚虔康熙十七年闔郡特鼓樂迎會歲以爲常　廟內左侍紅袍將軍靈應如響居民爲之新其棟宇敬陳俎豆四方瞻禮者香火不絕（左侍紅袍將軍傳）將軍姓馬名文賢紹興衛鎭撫司軍嘉靖四十五年四月十六日因母病篤湯藥罔效將軍晝夜號泣乃頂香禮拜徧禱神聖願身以代母死拜至　東嶽眞君廟時將五鼓見廟門大開進廟禱視畢恍若　神附其體因而瞑目聞　眞君諭曰吾鑒爾眞誠忠直遂爾請易爾算益母壽吾案缺員須得正直者補之今留爾爲左侍紅袍將軍汝歸亟治棺沐浴俟之遂命伽藍記名云馬文賢年三十九面白微鬚言訖而瞻歸告母曰母病瘳矣母曰若何知之將軍曰適禱東

獄劉眞君恍惚見眞君已而許男代頭令言即丹病果即愈矣乃顧謂其妻金氏曰好生學佑善撫孤兒言訖即逝少頃復甦張目大言曰眞君爺爺祭我孝順忠直爵爲左侍紅袍將軍言畢長逝遺妻金氏年方二十一歲所遺孤子亦已繼亾伶仃孤苦事姑至孝姑年八十五而卒金氏苦節五十餘年而屢夢將軍謂曰我無位可塑立像於廟而金氏衣食尚艱難孤苦萬狀何暇及此至萬曆四十年間因里人重脩殿宇時金氏已七旬乃募工塑像將竟而金氏病故四十一年十月間匠工輩始送像入廟因不堅固未匝兩月左邊損壞里人乃捐貲重修將軍之像工完于四十二年之五月擇吉于本月十五日開光適會搢紳學校鄉里鄰佑備述金氏苦節篤孝情繇具呈府縣申詳上司

奏揚奉　旨爲金氏建坊旌表節孝亦以是日實有不期而合焉者衆皆異之咸謂孝行節義之徵也夫爲子者必孝得以爲神而爲婦者守節得以旌表夫之與婦孝節兩全爲邦國之光昝埀簡帛

譽播千秋流芳後世故述是傳俾世人企而則之

時萬曆四十二年仲夏之朔日也

文學金機謁

神恭頌赫赫將軍食福茲土孺慕性成常懷恃怙

母氏違和涖滲如雨神鑒孝思沉痾獲愈正直致

欣左右是輔淑配維賢蘋蘩所主節凜冰霜終甘

荼苦上事髦姑孝行堪數丕煥綸音武歌且舞廟

貌聿崇觀者如堵節孝允全香

逾蕎莊芳躅懿規孰繩共武

大悲禪林

去縣東二里在大雲坊之西　唐大珠禪師駐錫於此年久跡廢順治癸巳歲楚僧海湛字如如訪道於越寓清涼寺與宗伯胡兆龍宅里咫尺其尊人拱樞雅慕眞脩遂同朝夕思集諸善共構一室以奉之時從子諸生承鉽日近有靜地堪供三寶謀諸母氏欣欣然樂成既成之後有博通典故者曰大珠禪師建州朱氏子依越州大雲智受業後以師老歸作奉養計則大雲乃大珠故土海湛見大珠遺跡遂莊嚴佛像煥新殿宇顏曰大悲禪林

東謝三賓詩無生偶爾示生緣悲願從來接大千蹤落儀容存楮墨道風留與後昆傳　紹興府推官漢江劉執中詩客裏晨昏接梵音夙懷舊與白雲深祇園胎向螺山結遂屬珠從鏡水尋錫卓幾年留淨域燈傳此日慰初心低徊欲問身前後幻影空香翠竹陰　文學胡永鉞詩卓錫來三楚傳衣偈入山雲披花半落頭點石無頑去去從存優如如語有籥曹谿今夜寂風雨憶玄關

宗鏡禪林在縣治西離城五里禪林在鑑湖之中樹木鬱葱山水明秀迴環互伏表勝東南文學林日蔚建　浙江提督石調聲宗鏡禪林碑記縈間迴環八百里而浸灌九千頃之膏腴者總名爲鑑湖道出偏門外山光含翠水色澄明蓬萊瑤島之奇彷彿於人間遇之故高人逸士雅意林泉者每往來於茲以寄興焉乃其中有結構精幽園林深秀儼然爲蓮臺蘭若者則惟今畫橋之宗鏡

禪林爲最著夫宗鏡禪林何自而昉也郎山陰林雪崖公之別業也公爲諸生時讀書力學慷慨樂輸其所周急於鄰里鄉族如范公義田之舉者往往而有故士無賢愚貴賤咸嘖嘖稱羨之不衰生平自托於聖賢而慈悲好善則又有大菩提心至凡一切施捨俱不惜捐産授田以成勝事而與雪予和尚暨法嗣咸聞交游尤善每贊其師徒俱得大然之慧佛學之光心不住相而惟向壁誠如來眞種也意欲捨其莊屋田園以爲浮屠乃存其志而不及爲其事臨終時特囑夫人張氏與嗣君曰鑑湖畫橋之濱莊屋數十間園林池沼若干許并撑前後歲稔之田三十畝延雪和尚焚修說法於茲而供其饔飧焉今雪崖公逝矣而事之成否其責在嗣君也嗣君山陰貢士也諱日蔚字汝聯仁慈素著孝友性成悼音容之莫接遵遺訓而靡遑方讀禮之日即大啓鳩工興崇梵刹巍峩樓閣不歲告成中供如來右奉大士旁列諸菩薩莊嚴色相煥然聿新凌空道畔佛面湖山入在鏡中舟行

適衷實獲我心矣俾雪和尚焚修淨業供其饔飧者是公之志慰矣而汝晦善繼公之志不於此而大慰哉嗟乎人苟多所係戀雖一艸一木尚不能公之于世甚且有剝民財者佑官寺者多則分香賣履而已較公易簀之命與其嗣君爲何如也余故聞其有是舉也遂欣然爲之道揚其盛績令于百世後聞者知雪崖公之慈悲好善汝晦之善繼厥志庶幾服其慷慨頌其樂輸而羣然興起也是則余之意云爾

康熙二十二年歲次癸亥蒲月上浣吉旦題立

大慶禪林在縣西唐家灣離城二十五里　昔有大慶禪林代久傾廢基址俱開作田斯田即名大慶是灣有渡因村落窎遠屢遭覆溺康熙九年近村史國俊余五俱晚年獲子同日相繼溺死里民胡勤卣葉叔如等目擊心傷特爲捨基募蓋數椽復以大慶名其禪林延巨白上人住持接濟往來夜則施燈雨則施蓋自茲得免水患

爐峯石屋禪院在縣東南十里縣治東南有爐峯爐峯之麓有片石如屋明隆慶萬曆間僧一金倚石爲廬禪寂於此德行高深虎馴豹伏鄉紳雨若張公慕道搆書院於其傍晨夕師友多所闡悟卽捨書院爲梵剎其雪竇奇東山寄寶壽鼎一代名僧皆出鑪錘之下至承先啓後者則法嗣自聞再傳而爲漢翼道行益高基業日拓四方嚮慕頂禮者甚衆康熙年間因宏其規模建作叢林仍名之曰石屋誌所本也

修塘禪院在縣西三十里係柯鎮懷信里溫泉鄉山陰文學余國瑞等同興日上人于康熙十六年間卜地融光橋之東北建修塘禪院又名高遷禪院延僧履安數人永任修塘之事卑者高之塌者葺之遠近行旅者咸賴焉

華嚴禪院離縣西南四十里在溫泉鄉湯家坂禪院

基址一十六畝齋僧田三十畝嚴安上人卓錫於此德行純一遠近信之

普濟禪院離城西北四十五里地當大坂洞水泛洋之側爲水陸衝來必由之衝厄遇波濤洶湧即可泊舟避患冬夏行旅必憩息於此供給茶湯此普濟之所繇名也康熙辛酉之冬住持超宗勸募太平里人余應霖姚夔郎天祚等修建

解元殿離城南十五里在三十都盛塘上舉殿倚山麓保障一方神靈最赫康熙九年九月四明史大成額其匾曰魁光鼎煥土穀神陳姓明初解元諸暨楓橋人生平孝友文章聰明正直自暨陽道經盛塘即沒於此遂爲社神靈爽赫濯虔禱必應神係七月初六日誕辰遠近祭賽不絕神殿舊係南向年久傾圮康熙庚戌歲里民虞廷宰沈元龍虞君美徐素先等僉議

西向建殿三間其舊殿闢爲兩廡煥然聿新桃山環水遠接文峯遂爲五社之冠　里人徐方暉顏其聯於左右二門曰眼前靈爽惟留姓身後文章文章不計名　文學金廷彪詩廟貌依山麓清流遶碧谿靈威森俎豆辭藻吐虹霓金碧霞光燦參差樹影齊爐峯今夜月猶自映文奎

太平殿在縣西四十六里太平橋北　本邑丙吏余應霖碑記順治丙戌年大兵渡江經臨此地百姓倉惶驚遁神化爲父老以壺漿迎犒王師　王問此何地爾何人神曰此太平橋也其係太平百姓　王喜曰既是太平順民何必刑殺卽命封刀乃知闔郡生靈皆荷神明之保護矣於戲民者天之心也神者民之主也神惟體上天好生之心以爲心故能代上天救民之事以爲事跡雖奇而理實正爰爲勒而記之

西方勝境卽古雲西寺在縣南二里下植坊

大乘菴係古大雲寺在縣治東南二里祀大雲菩

土穀神靈顯赫威感應如響郡城士民虔誠敬禮

拜祀祈籤每日不絕康熙二十二年七月二日山

陰知縣范其鑄躬謁行香顏其區額曰憑依七社

神繫宋眞宗祥符二年三月朔日建生淑配繫十

月初一日誕辰五保紳衿耆庶潔禮祀演梨園稱

慶上壽者各五日　明萬曆庚申五月戊日清爇

居士自敘云吾之來歷住居江左世業儒姓陳氏

祖諱茂先父諱倫則吾名顯字達父號清爇居士

爲人質直而性頗僻屢試不售埋頭二十餘年終

無一就乃棄爾儒業固已有小微勲天曹奏爲邑

宰因大辛元坊事繁降居此焉大辛人民仁頑相

雜向善之人誠少侶哉間有亦作輟而無堅固貞

久茀纖悉畢舉彰善癉惡之圖不可少忽吾歷助

數百年於茲已今或慕善者有之好語者亦有之
樂善者亦或有之苟能潛心篤志何患大道之不
成乎吾寄居七坊日夕不忘儒念與日應登天府
爲翰墨司也汝等立念無錯路頭寘中點陂之其
甚嚴毋自輕忽遭天譴也其區係里人陸大有係
會春韓山斗陸夢宣孫昌期韓延褒仝立　文學
徐渭顏其區曰仁里靈處　邑人金蘭所鐫匾額
曰土穀祠曰有赫曰保障七方至左右二聯左曰
廟名大乘卜地祇園而選勝共證百千劫無漏眞
宗右曰神出大辛選都仁里而奠尊長昭億萬年
前知至道茲故大士剎也辛之神降靈於人欲訖
跡焉爲大雲大辛上植下植東觀紫金南和七方
之總持因升大士於內龕而特奉之此　邑人金
煜謁神恭頌有引維　神奠麗茲土迄數百年矣
靈爽所適在昔已昭於今尤烈不僅爲本里所式
憑而實全越之觀瞻者也士民歲時祈禱殆無虛
日有叩必應其應如響凡作善降祥作不善降殃
如筮蔡可立決焉誠所云赫聲濯靈已昭於肅拜

之餘特爲恭頌其槩維神正直四方所式上應天紀無忝厥職福善禍淫鑒茲邦域凡爾人民畏威服德神所憑依亶唯仁里藴幽如明靈光尺咫何以薦歆溪毛沼芷奕奕巖巖越疆錫祉〔文〕

一學陞銘詩〔〕維神秉精誠混淪敷旁礴赫奕著威靈萬象涵冲漠司命主權衡羣生藉檢約禍福有所基心中貴礲錯俎豆歷歲時閭里傾葵藿因之鍾賢豪才士多鋒鍔淵博既絶倫縱筆恣揮霍卓越邁等流凌霄復聳壑英華留百年蔚蔚虎鳳躍緬懷寄仰瞻恍然意酬酢　菴內壁上有戴文進所寫大士像金碧輝煌歷數百年神氣如生毫端悉現凡四方丹青家進瞻模楷彷以爲式而遊人玩賞欣羨日無寧晷云　後殿則白華分剎中供觀音大士諸佛殿之東則落月軒天池山人徐渭讀書處萬曆戊寅正月三日渭同陳守經馮叔系聚晤感而賦詩題諸壁間墨蹟淋漓幾欲廢舞

一文學徐渭詩〔〕童時畫壁剎成泥圓澤投胎錦水西一念忽穿三十載竹稍寒雨覆䆫低〔康熙辛酉

花朝後五日長洲輪奔道人寓此追和題壁韻積
雨經旬幾尺泥揀花風急石橋西捱兼拂拭堪題
句好共青藤隔院低（其二）愁絕空梁落燕泥五
溪歸客夜郎西三生石畔人何處烟棹瞿塘月向
低（其三）飛花小院踐成泥城外千峯鑑水西老
屋半間庭竹盡百年人事夕陽低（其四）僧房花
木樛香泥高士亭結瀼西一曲輞川斜照外荒
烟細雨壓簷低（康熙十八年己未五月吳郡文
學葉閣偕弟尚寓於此軒閣爲江左名宿風雅領
袖有詩觀二集之選越郡士大夫以詩文投贈者
門外盈履閣與金鑾胡士章莫之永盛振英唐師
自刻燭分題互相倡和尚則寄志丹青凡山水人
物花卉翎毛無不巧奪天工郡丞許虬會稽邑侯
王元臣嘗曰林屋之詩登僧之書海內噪名堪稱
雙絕（蕉閣落月軒詩）雨後僧居靜清宵儼似冬
牕虛深見月寺古不聞鐘節物悲遊子文園有賃
春自非長筆吏遮莫老書傭（其二）荒亭何所有
風日晝淒淒壁留詩字空廊剝燕泥蟲絲輕自

胥鼠壤築仍低掃糞聊開眼成斷意久齋〔其三〕
薄暮成枯坐嗒焉傷客心髮應今夕變月傍短垣
臨墜葉鳴雙樹寒燈守獨吟故交零落盡相望一
沾襟〔其四〕秋雨颯然鳴流霞放晚晴薄寒侵几
簟孤悶倚檐楹露下蛩吟切蘭衰蝶去輕美人渺
天末懷袖字分明〔其五〕春歸猶在億秋盡復如
何投鑷嗟衰髮懷人寓短歌空懷黃菊瘦不見白
衣過惆悵十年事銷沈歲月多〔其六〕靜然觀物
化日晏閉蕭關懷砌苔緣上空庭艸不刪茶清徐
步後書散曲肱閒窺牖雙行雀多應怪客閒〔文
學王超文詩〕高士行吟過艸堂喜將詞賦授青箱
幾竿細竹供幽石一樹閒桑傍短墻僻徑風開引
皓月瑣窻疎雨澹雲光欣看剪燭通宵語知已相
將興未忘　園中銀杏一大本緣樹陰翳枝葉冲
霄每至和風拂拂禽鳥齊鳴憩息其下殊有出塵
之想園之下有屋數椽僧官海月鍵關焚脩深斯
西來宗旨明天啓三年癸亥十月會稽令黃明俊
給匾以嘉之曰禪林圓照　康熙二十二年癸亥

孟秋文學金炯奉

吉纂脩山陰邑誌梓人王元煜字亮之等精于剞劂

設局本菴

鳩集成書

借字菴在城南三里飛來山麓寶林禪寺建於晉皮道輿舊有借字古爐一座係收化廢字之所後因寺頹爐廢康熙十七年紳士馮肇楠孫宣化金鉽王德祚劉蕭薛治范兆昌捐貲募僧爲戒重與古爐廣收廢字而僧房之傾圮者復修建如新府學教授高鳳翼本邑訓導陳一范各著

惜字說勒碑以紀焉

擊竹菴去縣南一里明崇禎十四年建僧人深理廣行功德賑饑掩埋罰郡贊誦經席智益踵而行之康熙二十年募修飛來塔身董其事煥然重新

柴菴去城西南二十五里在七眼橋僧人月關姓張世代簪纓

棄俗慕道虔心焚修終始不倦

指月菴去城西南二十里玉水之湄有靈應宣僧具德住錫於此其間四圍山色北倚駝峯以爲屏障南拱西山以面翠微玉環輔翼其左金帛影帶其西數里平疇水接鑑湖具德之徒若魯玉通檀護陳崑明創建數椽益與諸大檀那同其師談禪於此也菴成告竣明川既望若魯謂佛道之大可以轉疑惑爲真智啓羣迷而登正覺名爲指月菴以誌不朽云

放生菴去縣西三十里係柯鎮融光橋之東北康熙十年建郡丞孫魯領其匾曰萬古慈流每月十六日士民余國瑞陳有楲蕭若蘭金伯華金德興胡士章袁超凡余應雲金炯等同僧集宗鳩貲放生更虞捕捉池魚屢請憲禁

千佛菴去縣西五十里明崇禎年間封翁朱璘建比丘尼道明道進於此焚修

香水菴去縣西五十里文學朱兆棨別業捨立爲菴菴內綠樹扶疎巖石玲瓏鳥語啁嘈碧池漾月面對黨山止一里許而潮聲淜湃晝夜不絕元藏禪師係籍鄞縣道德高卓飛錫於此參究宗旨深得西來密諦與其徒梵誦暮鼓晨鐘始終不怠遠近共敬事之元藏以菴在海塘之外深恐潮水淹入於菴之後更塡高坡以防水患坡上廣植修篁千竿青翠嫺嫺夏月涼風襲人衣裾而登眺其間者俯仰徘徊追歎不置後移錫金帛山禪院於康熙甲子九月逝世凡屬見聞羣爲惋惜繼席道徹潛心經典弗替宗風焉

蘿菴去縣西二十五里在柯山古岸禪師新建

普濟菴去縣西南一十五里在二十五都瀝渚大

江渡口　此地爲四方通衢向來止有渡船江永水濶村遠人稀每遇風雨行旅往來或半塗繩斷不能至涯呼號舟中或立候江邊弗獲過渡徬徨岸側或値昏夜致艱步履無從佰宿相泣道傍甚至舟覆人溺不可勝數康熙十九年羊石山韓姓四人移風漏爬載姓薛姓共九人遇風沉舟被溺瀕死僧錫常佛慧同王明初蔡君佑等救濟獲甦錫常目擊心傷即于是年募化啓建在內焚修烹茶濟衆支値渡船狂颷驟雨往來可避遠近賴之二十三年九月　郡侯胡公以滇鎮臺楊公汝澄知其誠心濟物特爲出示護法焉

雲霞觀　去縣南二十五里　容山之西有大岵尖頂上建立此觀竹木森列下有飛泉瀑布味甘洌而色潔白時値亢旱鄉人祈禱無不感應觀係住僧道可重新

三義祠　去縣北一里在跨湖橋

戴安道祠在城北感鳳鄉裔孫國宰建

錫福祠在縣西南八十里神最靈顯保障山陬香火不絕昔有居民禱神獲免虎患特植二松以著靈爽今則枝柯叅天綠葉陰翳遂成巨觀（文學邵二捷詩）城山山麓下紺宇肅晨鐘翠竹環鳴鳥丸松宿臥龍嵐光古殿碧雲氣淡烟濃瞻仰中心切靈威風雨從

關帝廟在縣治東南二里係大雲坊

關帝廟在大雲坊之中隅康熙七年文學龔孫華新建龔孫華字正賢好義樂善宗黨鄉閭賢之

導山廟去縣西一百里

資慶院去縣南三十五里在二十一都宋元祐五年孫啟建

公爲母建造請旨賜額顯慈資慶院今僧炤蘊寺全暉其父錢起潛於明累試武舉歷任守備崇禎末年歿於王事炤蘊時年襁褓母王氏守節撫孤至年十五欲抵京尋父骸骨念母身孤不敢離膝遂絕葷茹素依本鄉允中上人爲師熟習經典閱瑜伽燄口觀其文能追度先亡時加演習未幾母卒喪禮畢遂披剃往京覓父遺骸寓寂照寺適値掩埋見骨積如山默念父骨在內晝夜含淚課念佛經遇朔望普施燄口無有間斷十年歸越覽府誌有孫威敏公報本遺址年久廢圮瓦礫無存康熙壬子歲善士毛尚義指其故基倡行樂助炤蘊鬻家產傾鉢背重疇護國報本禪林仍名資慶院

寶覺院　去縣西四十里在鑑湖塘上海月上人飛錫住持德行純一遐邇敬信

慧日禪院　即古慧日寺離城西南三十里在濤渚

小步北鷂山下康熙二十三年季夏嘉興府同知署郡事孫公明忠額其匾曰續慧命燈康熙十七年湖州報恩寺　國師玉林和尚法孫默菴偕徒自然飛錫到山趺坐因遇善信張應芳徐茂艮張文美張丁芳共募山地命僧惟修等伐茅結廬開闢基址見慧日古蹟瓴瓦宛然內有瀑泉異卉殊稱名勝文學俞奕芳金炯時相往來拈韻清談作方外交默菴智慧超絕深究妙義勸善不倦有善餘錄行世信士何聖宗張茂芝朱克惟張大來徐世科俞同和諸世元錢式如吳元甫羣爲敬信　孫郡尊知默菴道德超羣特書匾額以贈徽山陰邑侯高公起鳳鼓樂備送洵稱古剎重光招提炳耀云

寓山禪院去縣西二十五里寓山爲祁忠敏公彪佳別業乙酉閏六月六日殉節於梅花閣下水中子理孫班孫遵守遺命捨作招提淨息上人駐錫道風慧業冠絕一時

〔雲間陳子龍寓山賦并序〕僕觀世之君子靜躁不同通聯亦異旨趣所至境寄内之安宅懷上各有攖情養志之地故或眺龍玉鼎之旁婆娑雲臺之上則必築第九衢列戟五市至於剪茨而處縈坯而遁者則棲托蕭輿意斷跡陝二者各然其所然不相假也若夫仕不徇祿處不違君匪辭組盍而玄覽江湖玩心登臨而取樂仁智斯正士之所遊息通人於茲盤衍者也山陰祁幼文先生著節朝右抗情物表宅鄰梅里神感鄭風嘗以暇日捜奇剔秀批巖導谿立圃於寓山之陰是山也峻削孤峙無所連附陁靡迴環不越一頃圃之所際包陵覆麓夷割平壤者十之五南瞻鎮嶽東眺江海柯亭近峙蘭渚遠紹寓目博敞怡神幽豁因岡作榭遇沏成池飛閣複道架澗凌壑玉臺綺疏切雲冠霞廣術高軒迎風延曙曲房陰洞布葉交柯沐野芳樊懷新落實則修農圃之業焉四部七畧盈緗積素則足文史之用焉可謂極華質之雅致暢偃仰之幽緒者矣夫會稽神明之境棲遯所羨前世

如王謝者皆家有泉石身搆池舘當其欣遇俱有
終焉之志曁乎世綱見逼心迹相違安石捉鼻自
知不免逸少誓墓亦未忘情信乎長往之難無名
爲寶也莊生有言魏牟貴人也其隱巖穴也難爲
於布衣之士雖未至乎道可謂有其意矣先生方
出而圖我君斯樂不得而擅也然安可無其意乎
因作茲賦庶以象物述情使達者有同心之賞焉
其辭曰惟於越之輿壤應垂象於牽牛昔文命之
南征甸山川以成疇何章隸之未錄移拳石於丹
丘分棟山之餘幹浸明湖之中流錫嘉名以自寄
遺神秀於荒陬乃其爲山也則嵬巃嶱嵑嶕嶢嶜崟𡹝
壟嶔崎峻疎倘成㟼嵂巖谷窈窕巒巘峭特委蛇
坱圠綿聯迴側紫石丹崖碧砂赭土纍以青蘿坡
以芳杜帶草交藤布䕶靦縷葳蕤葱菁或繡或黼
彼雜英之縯紛同薈蔚於脩楚輪菌之木挺擢之
枝嬋媛偃蹇綢繆薇蔚下蔭隴畝上障炎曦歷于
秋以俯仰實巖阿而無知外則廣川卬㴸長潭迴
波洲嶼廻錯圻岸逶迤澄泓瀟㴔頤淡洄渦澤芳

綺燦水棲雲羅洵茲土之可樂實靈脩之所會
父長嘯於遙岑羽姝解佩於清瀨貽下都之閬鈴
啓福庭而大賚爰有幽人徘徊容與契止足於蓑
鄖蓑卷舒於寂蘧雖騰聲於憲府每玩情於故廬
時杖策以登眺眷斯嶺而躊躕笠屐二之貞吉遂
考築以永譽於是陟我高岡慨觀夫形勢也其陽
則崇山巖薜疊巘回複秦望平砥而矗霄禹穴岩
嶙而若伏羣峇繚繞連峯紆曲晨昏變其雲物精
神見於丹玉其陰則谷王靈瀨注納百川渺瀰蕩
地澎湃耀天陽烏壓戴鰲之影陰火熠燭龍之烟
耶極望於生祖可招致夫偓佺左則句踐故都內
史所治于堞雲連萬井鱗次甲第晨輝歌鐘夜沸
此城郭擅其開美士女表其淑麗者也右則三吳
之衝至江蕩瀁商賈灌輸行旅相望鳳嶺隔波以
滅沒牛頭若闕而增壯茲專與土之淵邃復享樂
郊之恢暢也廼樹樊落廼定衡宇既疏土而成池
亦鑿山而留嶼蔭弱柳於通溝照繁花於枉渚江
籬瀼露以發芳芙蓉迎暉而彌嬿黛甲噞喁以映

川素鱗泳游而歸潄鷗鳿唼喋於昌荇鵁鶄孕育而翔舞於是華軒豁達廣堂深漻既臨水瀠亦對山椒繡桷陸離而翬矯玉梁宛轉而虹橋啓文窻於波底接修閣於林標曲欄連蜷而複疊長廊紆譎而横交爾乃截高岑歷翠微緣巖啓徑絶壁通扉千章蔞藹叢石匼匧幔亭孤峙層樓若飛延霞攬秀引霧披幃擬增城之峻麗援玉臺之瓊枝摘明星於綺戶瀉清漢於雲霤疑鳳吹之宵降館青琴與宓妃小閨艷襜是爲洞房疎寮閒錯委折低昂郁郁護蘇菲菲都梁瑯玕倚檻而凝碧玫瑰承簷而耀光棲文禽於寶樹宿紫燕於瑤筐郝清臚與巧笑樂静謐而泆詳用澄神於興窔匪靡曼以太康外則含桃之林玉梅之圃來禽盧橘楟梨卄柚桃李璀璨而春榮櫧柟蓊鬱而冬茂素馨移根於日南蒲陶引蔓於隴右環榴分吳苑之奇叢桂表淮王之秀莫不揚丹杭紫杭文吐繡櫳俺扶疎磊砢偃覆者也又有帶以長薄圍以修樊蘩纈朧倩花壇壹蕃石竹攡戶栟閭爲門左拂芎藭右揔

蘭蓀蘘荷麗露葵藿負暄旨鷊沿砌以舒綏文無
摘風而自馥蕉望夏以絳岫菊凌秋而艷原此則
雅騷疏狀未極其繁也於時獻歲發春華滋四布
長堤蕩風平疇起霧岸積垂翠圍英落素離留好
音王睢拂羽集蘭渚之勝流徠若耶之麗女濟微
行以尋芳援桂楫而問渡綺羅塞川芬香載路至
若壯玄屆節素商凜秋黃雲始合白露初收靈葉
曜樹嘉穀登丘英獸抓嘯候雁搴遊木蒼蒼而擢
幹石磷磷而露洲偃曝南榮觀稼西疇駕鹿車而
指囷酌旨酒以命儔爾乃娛清夜玩永日覩鼎彝
理緗帙探圖牒於名山啓遺經於日室釋咎書史
縱橫丹漆濡芸閣之金晉涉靈臺之玉笈宗曲阜
之仁義採柱下之道術登孤亭以寫目憩長松而
抱膝釣漣漪之泳鱗送雲塗之歸翼鼓太容之素
琴和幽蘭於錦瑟寄獨樂於林臯追先民之高逸
昔伊荷鋤於莘野卒佐命於亳都葛亮吟以梁父
典炎運於西隅漢鼎峙於三傑託松子而遠徂疏
授經而祖道散賜金以自娛東方沉冥於金馬子

眞浮游以入吳或先潛而後躍或始智而終愚或大隱於朝市或晦迹於居沽苟語默之各當豈出處之異途知身世之一體何魏闕與江湖

〔會稽文學莫之永寓園賦〕鑑曲之西千巖秀聚谿谷蒼蕊澄波東注月榭烟鬟素鷗朱鷺金屋壘樓瑤花琪樹景象萬千朝朝暮暮其中有園是名曰寓引水爲池因山疊路或稱廻波之嶼或號芙蓉之渡或聽試鶯之館或暢梅坡之步或尋郎花之舍或作歸雲之賦或登玉女之峯或覓遠山之趣若夫晦明風雨春夏秋冬旁觀逢睇髣髴淡濃青山白社五栟七松意翩翩兮無盡致落落兮何從四時之氣不一造化之態春容爾乃宛轉徘徊參差俯仰緬想中懷追思英爽繡衣之節埋輪三吳之黜入綱抗疏若朝陽之鳳一時咸推其直讜悼社稷之淪胥遂絕命於枚蕩殆含咲於九原貽詩文於案上亮鬼自貫乎千秋光燄猶騰乎萬丈聲名已著乎兩間義烈長留乎蓋壤對赤日兮流連翻浮雲兮慷慨已而撫泉石陟亭臺吊今昔究往來論

羣生之消息衡物候之化裁惟此紀綱之常植又何疑天地之刼灰莫芥視乎斯園之壑壑固已垂浩蕩於八垓

（南昌鄧履中寓山園記）自永興迄梅墅幾三十餘里爲越郡從入道山水始滙清泉峭壁揖讓羅立侍御祁幼文先生之卜築在焉蓋所稱寓山也山隱於叢榛灌莽之中久矣先生因而闢之門臨鏡湖通道爲廊三折而入曰讀易居先生究心於是理治身世之所本也自茲而往偉麗幻特合形輔勢匪可一狀大約奮迅而上爲臺爲閣爲樓爲軒爲巢爲峯紆餘而下爲池爲溪爲谷爲泉棲息宴會則有堂有室有齋有菴而曰堤曰徑曰橋曰梁曰幌曰環曰渡曰憇所從高下通往之道也登高而望巔崖躍出拱侍如圖空青蒙絡與天無際直北一面平疇千畝禾穗鱗鱗屑波綠影引人下睇及于峯半山根玃覼古松持立百音吹耳自遠而至遊人至是境與心謀目紊無定莫不徙倚旁皇戀不能舍忽有香氣一縷幽澹上浮旋若散去仍貯谿底則芙蓉渡之下餘荷所披

拂也池面爲橋石與水平步武欹狹循流數轉搖曳畏人春夏瀰漫當不可渡俯仰觀視有若異境至於四時之木閒列敷榮候氣之禽翔鳴和悅雲霞搖颺烟雨霏絲園亭之勝於斯爲極余蓄而遊焉值秋序初交天曠氣澄涼風被徑先生導余歷徵其勝曰某臺所以望某山也某池所以通某流也某堤某橋又所以收覽臺池之勝也雖然吾猶以爲未盡也將改水明廊之徑從栟陰以入而仍移其名以稱將壘石門南夾植樹木通閣以覆上拳瞿曇之座又將爲龕以棲方外之友種竹以擬留客之處依樟以築避暑之臺梁以接廻波之嶼徑以達浮影之巔植花卉于旌隱之東面松石于艸堂之西各隨其地錫之新名斯境益曠邃而陟探始無遺憾茲皆構匠未起而意已先設先生負性情于山水矣中世士大夫以宦爲家閒居之隙計惟榜榮孰有暫乞歸假卽娛情物外萬慮不關者或有香山綠野皆功成髦及乃始退居爲樂先生甫强仕之年勳名表著朝廷方深謩用而肆志

游觀於忘憂國之何居夫圖南之翼六月爲息在旱之鳥飛則冲天藏以爲用其用逾深維時則伍無距無迎先生嘗自言之澤利生民安奠社稷必非貪嗜富貴者所能幾吾觀先生聞四負之規即引過以識其堂而譚及古往治狀當時利病輒娓娓不厭如衡辨石畫先生豈熱於忘世者哉與人同其樂自與人共其憂謝太傅巳茂見於前事矣東山以太傅名峴山以羊杜著先生樹功施於不朽吾知寓山與俱遠矣遂承命而爲之記

雲間宋徵輿寓山夜遊詩并序　寓山者中丞祁公別業也與至會稽不遺一介賜之宴衎至于宵分華而盡遊覽之事庶乎秉燭感而賦詩清酒泛玉尊繁燈耀幽館月華流雲中前岸素輝滿主人啓名山客子不辭遠揚舟懷潛魚入林走棲麗白雲此深宅明水照修坂陟徑無遐屢半憑千仞巘閣際星影疎林閒露光泫萬里攬碧烟冷然御風善邁聞荒鷄鳴始悟歸志晚笑此秉燭遊悵彼秋夜短

蕭江陸鏊同山陰金烱遊寓山謁祁忠敏公

像〔詩〕六千孤越軍胥江失天塹赫赫五忠臣蠡城
聚冠劍忠敏當盛年秉憲肅帷幄暫歸臥巖壑痛
聞地維陷挽輓計無從攀鼎行自念方其沈命時
荷池光瀲灧賓朋宴未畢倏起視含殮壯哉孟賁
勇蹈仁言斯驗空堂拜遺像媿彼衣冠玷古松歲
不凋春水清可鑒仰止登寓山裴徊暮雲斂〔蕭
山陳至言夜宿寓園精舍兼詢祁耀徵起居詩〕夜
扣禪關傷客心重臺落木自蕭森星河倒入方池
影雲氣長留畫棟陰到此眞疑塵路隔坐來猶覺
法堂深明朝擬過楊雄宅梅尉山頭何處尋〔山
陰劉畬遊寓園詩〕崖嶔青嶂白雲橫千尺澄潭萬
古名山靜泉流聲愈咽春深花落鳥空鳴殘碑臥
艸荒烟合古木平崖夜雨生一片忠魂憑逝水寒
風颯颯長鯨〔雲間李雯遊寓山詩〕風靜蒹葭渚
寒深薜荔衣紅亭高曲磵碧磴俯重扉竹定鶗鴂
落池空屬玉歸諸山烟翠薄攜手夕陽微〔其二〕
不覺風亭暮相從爲勝遊樓分秦望干溪引若耶
流霜甲披松于蘭根到石頭直看用幽意朝覽在

滄洲〔會稽祁曜徵遊寓山詩〕劍履沉江後荒祠到水濱漫言追魯仲直欲配靈均曲徑封苔蘚空山泣鬼神千年精爽在矯首一沾巾〔其二〕落落閒堂靜開門傍水西山花當路發春鳥向人啼野曠炊烟盡江空夕照低可憐陵谷變遙夜宿招提

山陰陸豁寓園詩鑑湖晴日麗相將過名園參差列屏嶂曲折隨泉源彈琴撫危石開樽當華軒遠峯連孤嶼蒼翠泛朝昏雄譚及茗戰往往發高言觀之神氣爽豪飲樂平原侍御崇節烈賦性誠孤騫正直存宇宙浩浩然通渾元清風與皓月恍疑見精魂我懷昔音徽遙望若崑崙悠悠塵世事誰復堪細論

靜德禪院去縣西南二十七里在三十一都宋嘉泰年建後漸頹圮順治八年僧六和勝心慧林九安改建重新殿宇高大四圍山疊修竹茂林殊稱幽雅

青蓮菴去縣治南二里在東觀坊

仙露菴去縣治南三里

萬勝菴去縣西南三十里在滴渚大埠內供大士靈感如響

友梅菴去縣西五十里文學周有章建邑人潘文金奎朱俊俱秉道心捐田供僧菴中枕山環水迴越塵境梅樹數本紅白參差疎影暗香文人騷客欣賞賦詩

大善寺水澄劉姓於明天啓元年公置讚字一百二十六號地肆分玖厘永爲塟僧塔地

蛟平寺去縣西南二十五里在三十一都二圖寺始自晉朝舊名興仁有巨蛟爲世作害一日至寺邉聞經飲井水卽隱去無患王右軍改寺爲蛟平寺井日蛟平井井井水至今芳香清洌其井式深廣井踰二尺雖千百人取之不竭元末兵燹寺燬康熙十九年僧六和子安勝心靜持重建寺宇掘土得井碑記始悉其詳

寒溪寺舊名無量寺在柯亭山西十里鑑湖之南古城埠舍舟入山二里許即至寺門翠嶂環列碧流叢篁最爲幽勝相傳梁天監四年創建寺基五百畝後爲土民侵佔殿宇摧廢近年重興稍復舊觀三峯法孫輪菴禪師領衆卓錫禪席整肅有寒溪詩及語錄行世徵君黄宗羲序之〔輪菴寒溪十景詩〕〔瀑香閣〕寒流濺玉瀑生香榭葉參差映石房彷彿赤城雲氣接和烟移作小津梁〔寒溪〕松寮石磴有經臺竹栢叢生澗戸開九食三旬難果腹肯流菜葉出溪來〔蓮池〕東林名勝九江邊擬向蹄涔學種蓮摘葉空山衣石衲採花高座供金仙〔風篁徑〕篔簹谷裏綠千竿瘦影蕭蕭石徑寒斜日鳥啼山

更寂滿林風雨報春殘〔龍潭〕方丈澄波瀉碧流荒烟蔓艸一山秋荆南舊夢兵戈起蕭寺逢僧憶澧州〔掛月堂〕山堂如笠掛寒泉老桂扶疎不記年想到秋深金粟落一輪明月照堂前〔分雲館〕晚課疎鐘動夕曛老僧枯坐定中聞住山喜得高閑侶分座迎將嶺上雲〔擁藍室〕折鐺破衲有餘閉枳殼花開滿竹關早起摩頭豁雙眼推牕横挂米家山〔聽虎軒〕强颷四起振柴荆静夜空巖虎嘯聲定力不隨風力轉夢廻猶自颯然驚〔響閣〕千巖飛瀑一溪烟捲幔松濤萬壑連恰可依山置高閣那來長者布金錢〔大司農梁清標送輪菴和尚歸寒溪詩〕故人杯渡歷江湖鷩見緇衣洛下過先世停雲催獨步通門握手歎雙旛戈船借箸風濤静貝葉繙經智慧多野寉孤飛輕去住吾衰意久在烟蘿〔虞山孫暘送輪菴和尚歸寒溪詞〕〔譔漁子〕幾年閒巴陵纍子征衫着破應鄉相逢燕市秋風裏又共小春歸也臨水榭問横槊談兵誰是英雄者皆駒野馬凭毳帳琵琶樓船簫鼓都作

夢中話　寒溪畔曾搆駿伽精舍輕帆江渚斜桂
鑑湖曲似魚山路只有杜鵑啼罷句乘下香雲碧
楓丹染出王維畫還期白社向爐芋香時鉢蓮生
處同坐一鐙夜

法華寺　去縣西南二十里在秦望山麓寺係晉代名刹梁昭
明敕賜天衣萬壽禪寺至吳越國王重興寺宇牆
壁磚磈印字千秋萬歲閱唐李[illegible]碑紀宋朝
有美懷禪師康熙元年靈隱寺[illegible]尚中興禪
戒今法嗣青來上人駐錫克[illegible]之傳

鐘山興聖寺　去縣南十里坐爐峯山下　康熙十三年文學王
三傑遊山因至此地見衆山秀麗即捐貲數百金
新建梵宇特延南煙鼎禪師住持南煙係曹洞三
十世裔孫白巖位中符和尚高弟寵明宗旨遠近
皈依三傑復置田數十餘畝山數頃捨爲鐘山寺業

上城隍廟　酈公池佃租祀神碑酈公池隷治之西
北載在郡誌班班可攷也先年間鄉紳

以產無主呈府佃租每年輸庫銀壹拾貳兩公私誠爲兩便但郡內有上下城隍而上城隍則羅公尊神也迄今祠祀蕭條香火不給闔郡紳者公呈特懇公祀獨租以爲歲時祀神之費隨蒙准獨在案蓋池名麗公即以其租奉祀尊神理則應也今宜勒石永永不替云順治五年孟冬吉旦沈公諱文理號玄章北直大典人郡人周沛生姚紹虞宋汝監同立

張神廟去縣西五十里在白洋村神靈顯赫遠近敬畏

兆嘉廟去縣西五十里廟之東曰黨山西曰龜山兩峯夾對廻繞海濱神係白洋土穀靈應如嚮遠近奉之

遯菴去縣南十里在毬山禪師古卓丕振宗風遐邇尊信晚年隱居於此鍵戸靜脩德望彌著古卓諱行

淡庵建長樂劉氏子于本府龍山寺出家納戒塲山覺浪盛和尚爲吳江報恩浮石賢和尚嗣有偈囑古卓云𦘕衣一頂宗旨攸存今以付汝爲衆中尊後住蘇州嘉定萬壽寺順治乙未應雪竇石奇雲和尚命主持天台通玄康熙丁未弘覺禪師備越州紳士請住雲門寺闡揚宗旨壬戌移錫遯菴屏絕煩囂獨明心性覺一塵不到萬想俱忘唯餘雲光山影月白風清而已（古卓禪師詩霜花著瓦曉痕班榻擁重裘爲碎寒宿火將闌香篆短荒檐翔集鳥聲歡不禁白髮緣時變憔愛青山到老看一自振衣歸隱後宗林回首半凋殘

大悲菴去縣西八十里在蒲山僧妙峯建

蔓花菴去縣西九十里在天樂鄉剎竿村羅村堡舊名水月菴邑人金煜易其名曰蔓花江陵僧徧周善化僧圓湛長與僧本慈焚修梵誦晨夕不懈

石宕菴去縣南一十三里在二十九都一圖懷兒土穀神係女子衆稱爲聖母最靈感凡祈子者虔禱其應明萬曆間仙人降乩題其匾曰囊玉冰姑

廣仁堂在縣治南半里邑人虞徵道手順治十四年任福建光澤令歸里屨偏門外攏湖庄越郡頽風因貧乏遂致溺女棄兒一日敬道自城歸過寫橋見路棄一嬰憫然歎曰是可忍也有如是哉即出銀三兩撫里人抱養隨即告諸當事倣京都紫善人舉建育嬰會于常禧坊名曰廣仁堂就養者日不計數募給將兩介紫月關先後董率其事未幾逝諸紳撫司道各官給匾垂久而賑饑修塘放生捨藥捨棺義塚瘞骸善行無不畢舉所刻報應錄勸戒將著詩稿流傳之津梁救人之藥石云

天王寺前茶亭康熙二年本寺僧半峯捨田貳拾畝居士金標美徐洪業等同建

廣蔭茶亭在縣東四里越郡之東有喬木焉覆蔭宇下千年競秀茂郁可觀至於炎暑時驅馳道左咸樂此以爲休息自順治戊子年間高僧具德居士傳上林捐貲鼓舞創建茶亭永施茶湯以解一時之渴接待雲水以免衆僧之饑四十年來並無倦念法裔禹門承先善後四方往來嘖嘖稱道倚千年之喬木以爲好善之無窮因而名曰廣蔭茶亭甚盛舉也故爲誌之

畫橋茶亭去縣北五里僧法恒諸暨人勤於修造如畫橋東畫橋新徑橋昇秀橋伏龍橋皆身爲獨任俾之永固行旅賴焉

明

巡撫淮鳳都御史兼兵部侍郎徐如翰墓在古城山麓

封朝議大夫馬熠之墓在蕺山熠之會稽人以長子叅議維陛貴貤封孝友長厚邑人稱之叅議公墓在會稽下皐有傳

處士金軫墓在九里崗德竝茂崇祀鄉賢有傳子敕贈山東道監察御史諱聯芳墓相去菲尺

皇清文學待贈文林郎金機墓在駱家葑機爲太常寺少卿諱蘭仲子郯城令煜父孝悌仁慈具載傳記

太守陳景仁墓在王家塢太史山景仁持躬而全倫行盡職而著循良輿論咸推詳諸列傳

演武場圖

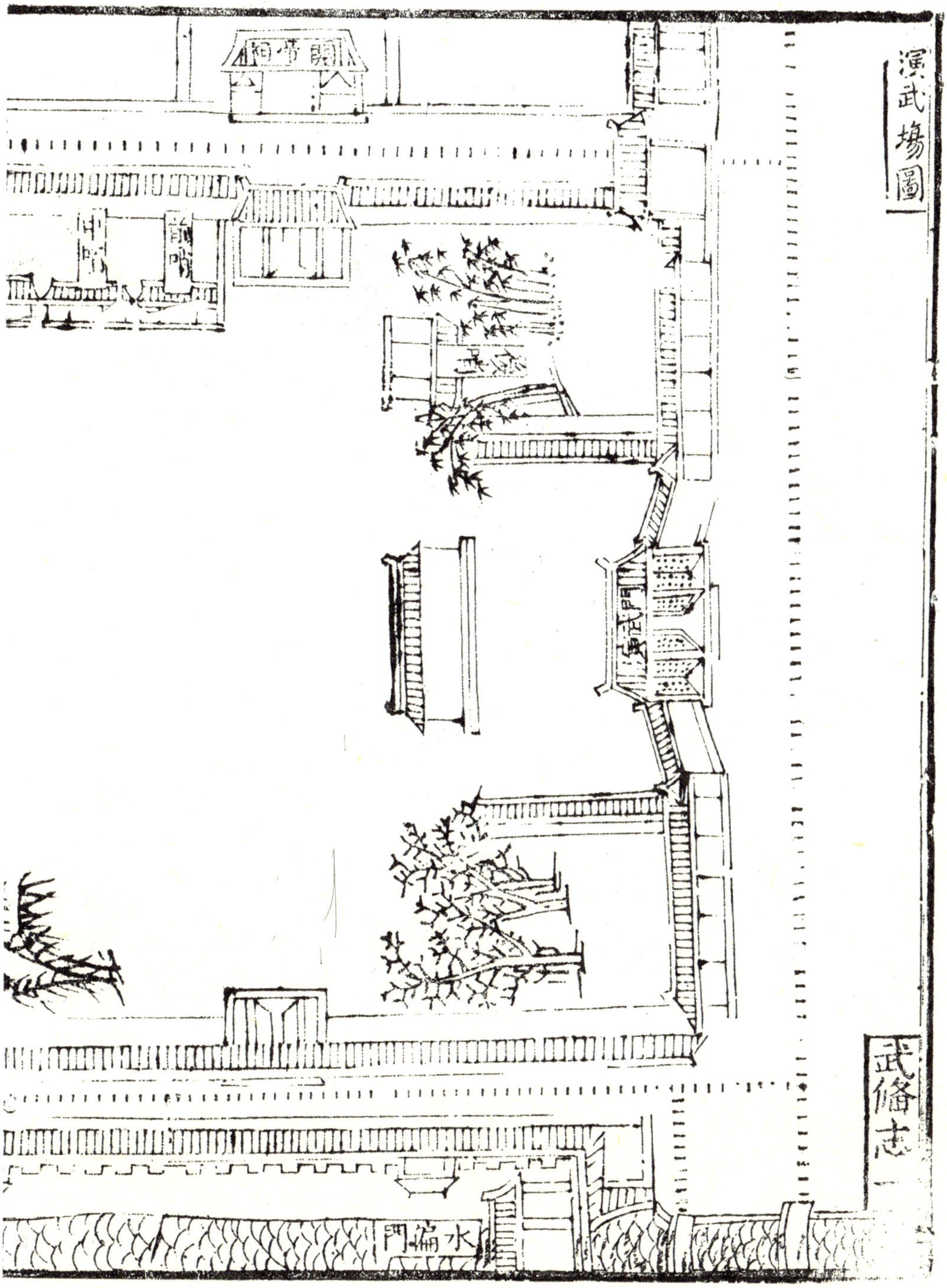

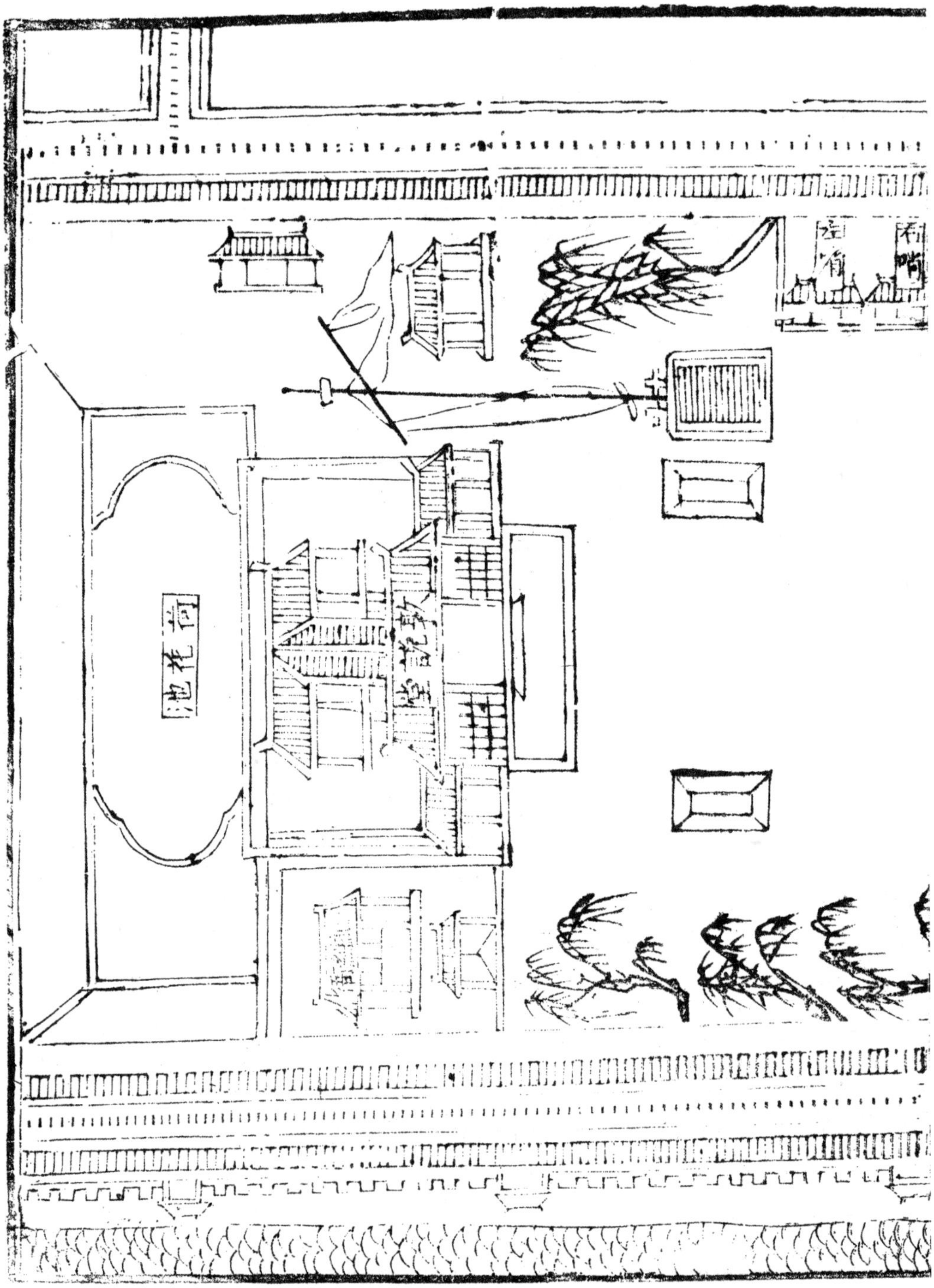
荷花池

山陰縣志卷第十七

武備志

軍制　戰守　軍器　海船　保甲　斥堠

教場　附圖一

補史曰文武不具不可以爲吏則是邑宰者固與師武臣相表裏而有封疆之責者也故曰得良有司一可當勝兵十萬而凡一政一刑皆足以固苞桑奠磐石焉然城池斥堠軍馬器械戰守之具不可以不設也舊志不載今作武備志

軍制

按勾踐始困會稽帶甲五千人及伐吳則習流三千俊士四萬君子六千諸御千人生聚教訓盛矣并吳後又有敎士八千蓋益以吳人也秦則置材官漢治樓船以爲水戰之具唐府兵滿萬騎然非專隷越州者也宋禁廂之制頗具行伍焉禁軍乃京師之兵而廂軍則郡國所有始猶自京師分遣壯卒爲募士之準謂之兵樣然禁軍教閲以備征戍廂軍給役而已禁軍有退惰者降爲廂軍謂之

落廂自熙寧後置將官而禁軍又有係將不係將之別則禁軍亦分爲二焉明紹興府設三衛五所隸浙江都指揮使司仍總轄於左軍都督府此禁軍之例也而各衛所復有帶管及召募名色此廂軍之例也弓手領於巡檢司堰營土寨不與焉規模與宋不甚相遠但衛置卒五千六百人所一千一百二十人合之得二萬二千四百人後革餘姚千戶所則減一千一百二十人而帶管召募之數各衛所多寡不一指揮郡將也千戶營將也百戶

鎮撫隊將也大移取防海居常則用以彈壓賊正德中王晉溪爲本兵乃起民兵之議令民壯快手捕盜等名色是亦廂軍類也然此皆以通府而言非專隸山陰也山陰則有民兵一百二十二名三江巡檢司則有弓兵三十六名白洋巡檢司則有弓兵三十二名今

國朝衛所等官多裁汰順治五年始額設紹興城守副總兵一員照左右兩營各都司一員守備一員千總二員把總四員兩營共副都守千把官一十

七員共兵一千六百名馬一步九此爲經制之額
順治十三年奉文兩營增兵五百名康熙八年紹
興協鎭副總兵同左營都司右營守備帶千把官
八員兵丁六百名駐府城其山陰縣有三江所設
左營都司一員把總一員兵三百名瀝海所設千
總一員兵二百名山陰縣民壯除裁汰外今止五
十名三江巡檢司弓兵除裁汰外今止九名白洋
巡檢司弓兵除裁汰外今止五名

戰守

按紹興府舊志三江閘北去縣三十八里山會蕭三縣賴此蓄水宜防守

三江港港口深濶外通大洋甚爲險要賊艘若泊宋家漊突入腹裡從陡門一帶海塘可抵郡城最宜守

三江所雖未濱于海然去省城百十里海上有警烽火于此通焉嘉靖三十五年倭寇突犯攻城我兵敵退境內無虞以繫守三江所故也

古博嶺一名蒜珀嶺去縣西南四十五里與諸暨

楓橋捿壞明初胡大海克諸暨自茲路戲越嘉靖
三十三年倭寇擾吾邑亦由楓橋進山間寇益但
由此入境宜防守

軍器

明制陸兵長技諸器械相濟中哨三隊俱習鳥銃
每什以二人習刀牌二人習狼筅四人習長鎗二
人習鈎鐮短鎗暇時俱習弓弩如鳥銃衝陣則刀
牌手護之刀牌手衝陣則長鎗手護之弓弩鎗鐮
手衝陣則狼筅護之兵制之常經也

〔本兵〕則以火器爲便又衛所各有軍器局縣署內有火藥庫今俱廢而弓牌狼筅等器亦俱不設止用弓箭長鎗鳥銃等項城門有大砲守之每二十垛又有架砲臺以防不測

戰船

明制沿海原有戰船其名目不一或三年小修六年重修九年拆造或一年二年燂洗三年輕修四年重修五年拆造至我

朝則重沿海之防戰船則有鳥船水艍雙篷艍水兵

攻沙船虎艄之類定制五年一修十年一造民或稍累至康熙四年部院趙廷臣批行官採官造而科派不行焉

附戰船說探哨莫便于刀舸衝犂必資于樓船稿船形勢巍峩望若丘山建大將之旗鼓風行瀚海撲賊艇如鷹逐鷃此海防第一法也然而轉折艱難非順風潮莫能動或造作脆薄又若颶浪難支唯利深洋耳若小哨叭喇虎之類則追勦便捷易于得勝故好事材官遂謂小船當增大船當減之

說且云于科作爲省豈知小船止利于零賊之追捕而不利于大舉之禦攻豈可因噎而廢食也耶

保甲

城鄉各行保甲法每十家爲一甲各書男婦若干口一甲立一甲長每十甲爲一保立一保長印捕官按期查點凡盜賊逃人俱令互相盤詰

沿海居民五家爲伍十家爲保伍有伍長保有保長共防奸民下海有警則協力禦敵

府城于要隘處各列栅門一更盡則閉五更初開

哨

水鄉于橋渡處設水栅名曰滚江龍一更盡則閉五更初則啓令該地方里長總甲守之所以防萑葦之鼠竊也若時逢豐熟世際昇平又不在此例

烽堠

大約山陰之地南則面山北則枕海東連會稽西接蕭山及錢塘其要害處在沿海一帶遇潮發直到海塘脚下潮既退所留惟壅沙耳壅沙之脚二三十里小漁船可行自昔防賊防于臨山瀝海而

山陰沿海但設烽堠以伺之烽堠有六一在龜山一在馬鞍山一在烏峯一在宋家漊一在黨山一在蒙池山每墩有守兵編立傳烽歌并發更籌每夜二轉備禦戒嚴

教場

府教場自晉以來並在五雲門外唐遷城西迎恩門外宋時有大小二所小教場在卧龍山上嘉定間郡守汪綱以其狹隘廢之改作院自元以來已非故處

教場在府署東南五里一百五十步稽山門內繚以垣墻中爲堂曰雄武明洪武初遷于府署正南一里三十步常禧門內有演武堂前築將臺其地曠衍可一百畝歲久爲軍民侵牟嘉靖間御史舒汀按節觀兵始正規制築西圍墻東西深二百四十一弓官廳前南北横廣九十一弓西盡墻南北横廣五十弓總捌拾伍畝有奇

國朝因之今協鎮標兵多牧馬于此或時操演并試武生武童康熙八年因安插投誠人口造營房數

十間

附紹興協鎮左營都司王自功移覆山陰文于左

康熙十年紹協鎮左營都司王爲修誌事移文山陰縣内開順治三年六月内大兵由省城至紹郡卽丙戌定越之始也設副將二員守備七員帶兵一千五百四十名時因初定山賊海寇兩訌當蒙憲慮隨卽發旗下總兵官一員臨紹興鎮守統官兵一千六百員名順治五年間蒙　部議始定經制裁夫前項惟額設紹興城守副總兵一員轄左

左兩營每營各設都司一員守備一員千總二員把總四員兩營共副都守千把官一十七員帶兵一千六百名馬一步九此經制之額也弟初定時山會等共八縣地方賊寇嘯聚據險盤踞傷殘百姓紹鎮官兵分頭遣發直搗巢穴至八年稍有寧宇又海寇連檣窺伺所屬邊海屢經入犯順治十三年間蒙　撫院蕭起元題爲閩寇增船流突等事奉文兩營共增兵五百名順治八年間蒙
上差蘇大人查看邊海其溫台寧三府居民遷徙內

地惟我紹屬止插界旗以內外限生死康熙二年
奉文沿海寄釘界樁築造烟墩堠臺寨豎旗杆
設目兵五名十名不等晝夜巡探編傳烽歌詞備
禦戒嚴康熙二年間蒙部議將寧波提督移駐紹
興府其紹興副總兵移駐三江所康熙四年間蒙
上差大人胡他西三位駐劄定海招撫投誠巡視海邊每
年輪流五六次不等五年間奉撤康熙七年間蒙
上差巡海大人濟邁查三位同總督部院趙　由福建出
巡八年二月內到紹同提督劉　議定仍將提督

移駐寧波府紹協副總兵同左營都司右營守備帶千把官八員兵丁六百名照舊回駐紹城其三江所安設右營都司一員把總一員兵三百名瀝海所設千總一員兵二百名臨山衛設千總一員兵二百名觀海衛設守備一員把總一員帶兵三百名奉文于五月二十四日紹協副總兵因前衙署營房歸還房主管業掎府縣會議紹協副總兵暫駐分守道衙門左營都司係兩縣暫借常禧坊張宦房屋爲公署右營守備暫駐都泗坊民房其

把總紅旗百隊兵丁有山陰縣上植下植兩坊提標舊住民房六百餘間安插左營官兵外又有會稽縣點中望都泗坊提標舊駐民房若干間安插右營官兵外及投誠効用官兵俱兩縣安插菴堂寺院暫駐今實在官兵除奉文抽調防守外府裁減淨兩營止額兵一千八百五十名毎月共支餉銀貳千肆百壹拾兩柒錢肆分叁釐柒毫糧米伍百陸拾伍石官馬皆官自備共壹百壹拾柒匹兩營軍火器械鋭砲鎗刀弓箭棉鐵盔甲鉛鐵彈子

等項共貳萬叁千壹百玖拾貳觔件沿海城堡臨
觀瀝海三江共五座防邊臺寨連寧波府屬共三
十一座內慈谿之松浦古窰淹浦新浦下寶旗山
東山共七臺因本標官兵駐防觀海分撥汎兵代
防寧屬七臺外紹屬共止二十四臺自蕭山縣龕
山臺起至山陰縣烏峯臺龜山臺黨山臺馬鞍臺
蒙池臺宋家漊臺會稽縣宣港臺鎮塘臺桑盆臺
判官臺瀝海北門臺上虞縣踏浦臺荷花臺顧家
路臺薤橋路臺崔家路臺趙家路臺勝山臺曲塘

臺以上沿海縣二十四臺外尚有蕭山之長山臺餘姚之臨山北門臺二臺俱同時建造今已奉文撤防惟查郡城垛口共貳千七百三十六個窩鋪一百十八座外今又奉總督部院憲文內開觀海衛仍設守備一員把總一員減兵一百名仍帶兵二百名臨山衛改設都司一員減兵五十名仍帶兵一百五十名瀝海所千總一員減兵一百名仍帶兵一百名三江所改設千總一員減兵二百名仍帶兵一百名沿海各臺兵共計一百七十名今

照舊其餘所存官兵俱留紹興守城及各汛防內
地各縣城池汛地之用等因遵行在案尚未更換
但年深月久營職陞遷吏書不一本司任前無從
核實僅以大畧備錄移覆云云

左營都司王自功駐山陰順治十八年任招撫偽官楊君泰等解赴督撫兩臺康熙元年鎮守觀海衛捐俸修城俾雉堞重新時居民饑饉羅穀賑之全活者千餘人康熙三年署協鎮篆移駐三江所招撫嵊寇王六貂等兩臺題報康熙七年七月霪雨彌月禾稻俱淹閘外沙土壅淤經久不通自功齋戒七日親製祭文二通祭畢水即流康熙八年奉　旨移駐郡城會同郡縣調度營房安插兵逖人安之

卷一八

十

武備志卷

山陰縣志卷第十八

職官志

令　丞　簿　尉　教諭　訓導

漢以來掌縣者或爲令或爲長若尹其官一也漢多循吏乃史籍散佚傳者無幾東晉以縣爲京輔吏治最盛山陰爲尤盛至今不泯兹具載其姓氏若丞若簿若尉及學職各員均有佐理之任夫亦不得而遺焉

令

秦 厲狄 典項羽起兵今蕭山有厲將軍廟

漢 王關 建武初任有傳 后協

吳 吾粲 黄武元年任有傳 魏滕 上虞人 朱然 有傳

葛元 洪之祖

晉 沈叔任 有傳 魏愇 羊旋

江統 陳留人有傳 于寶 王鎮之 太和中有傳

魏顗 謝蒸 劉爽

王淮之 義熙中 顧琛 元嘉中至宋遷太守 虞谷 餘姚人

宋 張岱 裕之子大明中有傳 顧凱之 元嘉中有傳 汪秉之 太始中

种貴　和睦　徐豁元嘉中有傳

傅僧祐有傳　孔奐有傳　傅琰僧祐子有傳

顧寶光　陸邵有傳

齊

王沉東海人　沈憲建元中有傳　周顒有傳

劉元明有傳　傅翽琰之子有傳　王詢永泰元年有傳

丘仲孚東昏侯時有傳

梁

謝岐有傳　沈僧昭有傳　沈浚憲之孫有傳

王騫天監中　虞育天監中

陳

褚玠大監中有傳　虞亘　郎機

包顗 丁遵 別浦

于文憲

唐

吉材 權盎 韋有順有傳

濮雲 斯思 牛謙

祁休 姚昺 宰知微

墨逼 山約 趙彙

徐斗南 甘守忠 張遜乾寧初有傳

馬隴 焦楷

五代

段裴 鞠詠淳化中 李茂先

陳舜俞 熙寧三年有傳　首滋　林觀

章甫 熙寧中　王鑄　高敏信 紹興初

趙汝駉 嘉定六年　林順孫　裘公彥

張槖 嘉定中　糜弇 咸淳中

元

元制縣既有尹又有達魯花赤以監之今所載止於尹不及達魯花赤間有賢者則列之名宦傳中

高文秀　豆盧翼　開珉

蒲察攸　李如忠　薛依二

定定 字君輔達魯花赤　廉寶之　趙師道

賈棟有傳　陸澹　馬欽

柴青　吳秀夫

明

戴鵬洪武二年　崔東洪武九年有傳　王時中洪武十二年

張宣　胡志學洪武二十二年有傳

李祿受洪武三十一年　譚應奎有傳　姜榮洪武三十三年有傳

王應夢　宋昌永樂四年　王耕永樂十二年有傳

李開永樂十五年　李孟吉宣德元年　偰順宣德四年

孫禧宣德九年　錢浩正統元年有傳　李衡正統二年

王仲德正統六年　王宣正統八年　周鐸天順元年有傳

周瑛成化元年　金爵成化五年有傳　王倬成化十四年有傳
蕭惠成化十七年　胡琦成化十八年　李良弘治元年有傳
鮑克敏弘治七年　郭東山弘治十年　杜宏弘治十四年有傳
張元春弘治十六年　張煥正德五年有傳　孫瓊正德九年
顧鐸正德十四年有傳　吳瀛嘉靖二年　楊行中嘉靖五年有傳
劉昺嘉靖九年　方廷璽嘉靖十四年　許東望嘉靖十九年
周俊民嘉靖二十三年　何璿嘉靖二十八年清丈田畝征輸不繁
葉可成嘉靖三十二年　李用熒嘉靖三十五年　陳懋觀嘉靖三十六年有祠
林朝聘嘉靖三十九年　楊家相嘉靖四十四年　張桐隆慶二年

徐貞明 隆慶五年有傳　張明藩 萬曆三年　劉尚志 萬曆四年

張鶴鳴 萬曆九年　葉重第 萬曆十五年未任丁憂

毛壽南 萬曆十五年有傳　楊楷 萬曆十九年

耿庭栢 萬曆二十四年　佘懋孳 萬曆二十二年　吳庭雲 萬曆四十年

張捷 天啟六年　馬如蛟 天啟八年有傳　王陞 崇禎元年

范鑛 崇禎二年　鍾震陽 崇禎三年　史纘烈 崇禎六年

謝鼎新 崇禎八年　汪元兆 崇禎十三年　錢世貴 崇禎十六年

徐徵麟 崇禎十七年　于公衡 崇禎末年未任

大清

彭萬里 順治二年　李煒然 順治三年　顧予咸 順治四年有傳

劉應斌 順治十年　常芳 順治十三年　李魯 順治十七年革附貢三十有一民甚稱便　湯祖鉉 康熙三年　高登先 康熙六年

景融 康熙十六年　范其鑄 戊戌進士康熙十九年

宋

胡稷言 嘉祐中少授經於胡瑗既致仕仍賜緋衣銀魚　徐垓 德祐中

元

戴正 至正中

明

周允恭 洪武十二年　王述 天順元年　田昱 成化十四年

劉艮 成化十六年　賴珪 成化二十年　尤繼艮 成化二十三年

楊寬 弘治十一年　孔公塌 正德二年　任顒 正德九年

劉愷 正德十二年　王澤 正德十四年　汪文 嘉靖二年

應佐嘉靖五年有傳　曾瑄嘉靖十年　嚴學嘉靖十三年

劉試嘉靖十七年　楊威嘉靖二十一年　王文誥嘉靖二十五年

金訦嘉靖二十八年進士謫　陳應占嘉靖三十年

滕槐嘉靖三十三年　任大壯嘉靖三十八年　熊級嘉靖四十一年

陶治嘉靖四十四年　潘標隆慶二年　吴廷臣隆慶四年

劉中萬曆間　費慶之　王詔

鄭日輝　丁應辰　包大善崇禎

大清

蘭麟順治　張星煌　張廷

張啟學康熙　文軾康熙十七年

簿

宋

范致君崇寧中任充邢州學教授撰崇寧聖德興學頌　陸游紹興中

明

鞠斌永樂元年有傳　陸振天順元年　陳訖成化十一年

石誠成化十四年　開銓成化十九年　趙慶成化二十三年

劉琚弘治五年　徐鼐弘治八年　王世良弘治十一年

徐梁弘治十四年　李範弘治十六年　陳鑰正德元年

張鋭正德六年　匡直正德九年　張淮正德十二年

田秀嘉靖三年　王世隆嘉靖九年　施容嘉靖十一年

賀恩嘉靖十五年　李浩嘉靖十七年　楊世昌嘉靖二十年

黃復亨嘉靖二十六年　胡鑾嘉靖二十九年　吳宗周嘉靖三十一年

葉士元嘉靖三十三年　崔舉嘉靖三十五年　陳一中嘉靖三十八年

董乾嘉靖四十年　彭思楊嘉靖四十四年　譚紹基隆慶二年

禹貢隆慶四年　王澤萬曆初　楊夢奇萬曆中服官清慎一毫無染　王鯉　范旹

胡遜志後奉裁

尉卽典史

唐崔國輔玄宗中　孫逖

宋翁仲通　鄭嘉正有傳

元　李艮佐

明　陽春 洪武二十年有傳　黃昇 永樂四年　周源 成化十七年

崔武 成化二十二年　劉壽 弘治五年　丁順忠 弘治十四年

黃憲 正德二年　高忠 正德七年　翟文鳳 正德十二年

許德 嘉靖五年　王瑚 嘉靖十四年　方伯昇 嘉靖十七年

林公輔 嘉靖十八年　王京 嘉靖二十二年　高淮 嘉靖二十六年

王應可 嘉靖三十二年　于尚文 嘉靖三十五年　王愷 嘉靖三十八年

林文漢 嘉靖四十三年　何洧 隆慶二年　黃鍊 隆慶四年

王淑卿 萬曆　秦邦恩 萬曆　萬言中

黃應科　吳友賢

邢應期 崇禎十年

大清

周士奇 順治三年　項之俊 順治六年　柯重華 順治十七年　段文繡

教諭

元

孫原燮 大德中　徐謙 至正二年用俸修學　薛輝 至正五年捐俸修學

陶儀鳳 修稽山書院　黃本 至正間紹興人　孔之熙

明

王儼 洪武二年　韓宜可 洪武六年有傳　何樵 永樂四年有傳

呂齊 正統二年　陳祿策 景泰二年　王志洪 天順元年

姚艮成化五年　嚴彪成化十六年　陳宗儒成化十八年
傅典成化十九年　周剛弘治九年　賴從善弘治十二年
黄仕宜弘治十四年　劉從典弘治十七年　李文顯正德三年
彭僎正德六年　崔復秀正德十年有傳　汪瀚正德十五年
林斌嘉靖五年　費寧嘉靖十年　藺錡嘉靖十六年
張佐嘉靖二十五年　諸應潮嘉靖三十年　王鐸嘉靖三十五年
羅煥嘉靖三十八年　王朝嘉靖四十年　黄志伊隆慶二年
陳善隆慶三年　沈質隆慶四年　彭大翱萬曆八年
程蒙吉萬曆十二年　傅艮言萬曆十五年　蔣廷堅萬曆二十年

朱璟萬曆二十四年　余元錫萬曆三十二年　任元忠萬曆三十六年
劉文元萬曆四十年　余喬桂萬曆四十七年　楊德章天啟四年
項隆先天啟六年　鄧光復崇禎四年　鍾鴻頡崇禎六年
鄧之鳳崇禎八年　周英崇禎十二年　陳瀛崇禎十七年
大清杜應用順治四年　費坡順治八年　高基重康熙四年　葉上遐康熙十八年　王世耀康熙二十一年

訓導

明陳韶洪武元年薦辟　薛正言洪武六年有傳　王受益洪武十三年有傳
李斌正統元年　李伯璵正統六年　郭鄭景泰二年
鄭浩天順元年　李珏成化元年　譚淵成化五年

謝芳成化十一年　李寅成化十四年　鄭選成化十六年

徐貫弘治六年　崔紀弘治七年　朱鳳弘治九年

方芬弘治十年　賴紹弘治十二年　黃聯弘治十四年

鄒覲弘治十五年　黃式弘治十七年　徐棨正德元年

李淮正德三年　吳瑛正德四年　李文明正德八年

熊新正德十三年　劉鳳鳴嘉靖元年　王昇嘉靖五年

陳文瀚嘉靖八年　鍾爵嘉靖十四年　鄭克恭嘉靖十五年

芮褒嘉靖二十年　郭弘愷嘉靖二十二年　高中孚嘉靖二十四年

張朝理嘉靖二十七年　何漑嘉靖二十九年　葉文科嘉靖三十一年

蕭仁 嘉靖三十五年
胡朝紳 嘉靖三十七年
張煥 嘉靖三十八年

馬勲 嘉靖四十二年
蕭鯨 隆慶二年
汪大晃 隆慶三年

金伯艮 隆慶四年
張煥 萬曆元年
吳槐

黄在裘 萬曆三年
李時春 萬曆六年
王庭黙 萬曆九年

陳必用 萬曆十一年
凌旣明 萬曆十三年
徐鐸 萬曆十六年

王材 萬曆四十四年
王可大 萬曆四十六年
許炳 天啟二年

莊嚴 天啟五年
徐思復 天啟七年
徐淶 崇禎三年

孫林 崇禎五年
余金垣 崇禎七年
張邦和 崇禎九年

王萬世崇禎十二年　駱光賓崇禎十四年　林之鸞崇禎十六年

朱允治崇禎十七年

大清

董治順治四年　熊開世順治八年　施夢祺康熙元年後奉裁

王熒康熙十七年復設　陳一范康熙二十年

職官六

山陰縣誌 卷十八

十

山陰縣志卷第十九

選舉志一

孝廉　薦舉　歲貢

〔補〕越稱多士成周之世無可攷已得之漢唐者僅數人惟宋備載不遺而元世多鈌佚明取士之制特詳諸所登選皆表著之然年次不無紊混至於國朝登仕版者不盡由科目科目之制猶舊也惟薦舉不行近科以來鄉會額亦少減焉

孝廉

漢　鍾離意累官尚書僕射有傳　鄭弘累官太尉有傳

韓說　盛憲有傳　賀純舉賢良方正有傳

有道

趙曄不就卒有傳

吳　鍾離牧意七世孫有傳

晉　賀循舉孝廉有傳　謝沉舉孝廉有傳

齊　賀瑒舉明經有傳

梁　孔林源舉秀才有傳　郭世道舉孝廉不就有傳

陳　孔奐舉秀才有傳

薦舉

明洪武元年令禮部行所屬選求民間經明行修賢良方正材識兼茂及童子之類六年詔科舉暫且停罷令有司察舉賢才

王儼 通毛詩三禮以明經薦除本府教授性方嚴舉動有典則爲一時儒宗

虞文采 舉茂才操行科知府　嚴永康 舉賢良方正科副使

唐肅 洪武二年有傳　徐伯辰 中之子訓導　韓宜可 都御史有傳

王武 舉明經科通判　周觀政 按察使有傳　唐之淳 侍講洪武十一年

劉子華 洪武十二年有傳　馬壽 教授

馬貫 知事洪武十二年　趙俶 司業有傳　馬恭 長史洪武十二年

姚本知縣洪武十三年　翁敏教授洪武十三年　陸溥教諭洪武十三年

白範學行爲世所推重膺薦典教勳戚家動有典則弟子遵其教擢青州府同知卒于官有傳

毛鉉授國子監學錄有傳　包大用舉明經訓導有詩集行世

潘允郎中洪武十四年　胡粹中洪武十五年有傳

黃里洪武十五年有傳　陳名彝通判　胡春國子監學錄洪武十五年

王誼强于學問事親以孝稱從戍遼陽守帥賓禮之朝臣薦授翰林待詔罷歸杜門著述

王永言教諭洪武十六年　朱孟麟秘閣校書　錢遜洪武十八年

永樂元年詔內外諸司文職官於臣民間有沉匿下僚隱居田里者各舉所知

王叔珩 獻民情十策授知縣

王叔璲 永樂十年伯府教諭

徐頤浩 永樂二十二年授詹事府錄事伯辰子

趙鼎 景泰五年教諭

徐光大 正統元年國子監丞有傳

馬昇 教諭

胡廷倫 天順二年紀善 徐鑰 光大子成化二十年授訓導

歲貢

（補）歲貢之制久矣明時貢額不常後定爲府學歲一人縣學間歲一人大都以年資爲序毎正副各一人試其文不謬者而貢之其後臺省建議以爲貢必以序率衰耄弗堪任使於是著令以三人或

六人內選之然常格廢而倖竇開貴介子弟甫黃口而貢太學矣於是又謂不便仍從舊制云乃若恩貢選貢雖國有大慶則間行之我

國朝踵前制康熙三年歲貢暫停康熙八年復

明

阮吉祥洪武十六年府學　趙貢文

鄧宗經洪武十八年府學　周得中知縣

蔣顯洪武十九年府學　薛可行御史　錢述洪武二十年府學

陳性善　邵謙縣丞　駱庸洪武二十一年府學知縣

陳嗣宗知縣　方季仁洪武二十二年府學

徐士宗 洪武二十三年府學有傳　王惇 主事

錢晉 洪武二十四年府學　金昺 御史　繆南璇 洪武二十五年府學

馮皓民 府學　陳文可 縣丞　馬俊 洪武二十六年府學縣丞

璩志道　錢倫 洪武二十七年府學　王道 府學

王吉 洪武二十八年　平珍 洪武二十八年府學　蔣原 洪武二十九年府學

張齡 同知　金鎬 洪武三十年府學　潘達

郭淵 洪武三十一年府學　王理 教授　張煥 洪武三十二年府學知縣

魏勝安　陳蒙　金安 洪武三十三年府學同知

張秉達 洪武三十四年府學　濮名 布政使

蔣永亨 永樂元年府學　王友慶　施安 永樂二年府學
尹勝 府學　周然 府學　徐穆 永樂三年府學
宋彌堅 永樂四年府學　應伯祥　陳恕 永樂五年有傳
盧鈍 永樂五年府學　金晟 永樂六年府學　沈肅
趙魯 永樂七年府學　楊銘　潘綸 永樂八年府學
張謹　陳愷 永樂九年府學　朱文淵 有傳
虞怡 永樂十年府學　趙煥 永樂十一年府學　趙孝廉 永樂十二年府學
石磬 永樂十三年府學　吳昉 永樂十五年府學推官　余永
王資深 永樂十六年府學縣丞　劉蘭 永樂十七年府學同知

陳讓 永樂十九年府學　呂參 同知　王淵 永樂二十年府學治中

王俊 永樂二十一年府學知縣　胡增 永樂二十二年府學

秦端　周勝吉 永樂二十三年府學

孫讓 宣德元年府學　韓養性 宣德二年府學州判

施廷璋　賀嶶 宣德三年府學　葛賢 宣德四年府學

劉實 宣德五年府學　任高 推官　周倫 宣德六年勝吉姪同知

魯泰 訓導　吳俊 宣德八年府學　范璇 宣德九年府學

鄭愷 宣德十年府學主簿　王道 訓導　楊全 正統二年

葉蒙亨 正統三年府學縣丞　倪侃 正統四年

蔣訓 正統五年府學　徐綬 正統六年府學通判　趙師祖

唐振 正統七年府學　李朴 正統八年　王理 正統十年府學知縣

祝濟　徐震 正統十二年府學　朱臻 文淵之兄

趙瓚 正統十四年　王恭 景泰元年府學　金閶

胡溥 景泰二年府學　沈澤 景泰四年　俞英 景泰五年

胡暹 景泰六年　滕霄 景泰七年府學　祁福 天順元年府學有傳

趙瑋 天順五年府學教諭　王恭 天順六年府學是年令廪增生員四十五歲以上者俱貢

秦鉞 府學　朱宗岳 純之子府學　宋彩 府學

尹溥 府學　陳綬 府學　蔣敬

朱士學有傳府學　趙諤府學　王暉府學
諸雷府學　楊全天順六年　金本仁天順六年訓導
蔣鑾　沈澤　馮節
張能　張律　吳暎以上縣學
駱傑天順八年府學　周章天順八年　壽瑞成化元年府學
劉濟成化二年府學　趙瓚知縣璋之弟　王詵成化三年府學
[illegible]成化四年　趙偉成化六年　潘淳成化七年府學
張灝成化九年府學　章願成化十年府學同知　韓顯成化十一年府學
周貞成化十四年府學　葉瑄　金廣成化十五年府學

盧瀚成化十六年府學　毛瑄成化十六年王簿　高勤成化十七年府學
張珣成化十八年府學　馮克溫訓導　朱綖成化十九年府學訓導
劉寧成化二十年府學　陳顒教諭　趙昉成化二十一年府學
陳嵩訓導　陳韶成化二十二年府學訓導
祝輔　郭璲成化二十三年府學　王佃弘治元年蜀府教授
吳衿弘治三作　吳廷璟弘治四年府學　胡儉弘治五年府學訓導
毛榮弘治五年　陸魁弘治七年府學伴讀　俞瓚訓導
周夔弘治九年府學教諭　劉鏞訓導　勞臣訓導
錢纓弘治十一年府學訓導　張玕訓導

田宣訓導　張以震弘治十二年府學教諭

朱鏻　顔悦弘治十三年訓導　韓洪卿紀善

劉禎弘治十四年府學教諭　漏眞訓導

秦世濟弘治十六年府學　洪倫通判

徐軒弘治十七年府學　王愈弘治十八年府學　錢倬正德元年

王騏　吳鉞正德二年府學顯之子教諭

趙意正德四年　駱軒正德六年巽之子府學主簿

錢曙訓導　陶文奎正德七年菊之孫府學教諭

沈愼德正德八年府學訓導　莫震訓導

高悌正德九年閩之子　陳璟正德十年府學　唐偉
汪穀正德十一年府學訓導　祝深正德十二年
張汶正德十四年府學　徐濤經歷　施正
胡易正德十五年府學教授　陳玠府學敎之子
薛笛周府教授　周曉正德十六年府學教諭
趙僎嘉靖元年府學　余憲府學訓導　陳文訓導
杜昇嘉靖二年府學三江籍　張遠訓導
金挑嘉靖三年府學訓導　諸偉訓導　馮貴嘉靖四年訓導
吳鸞嘉靖五年府學　杜鳳諧府學　陸文通嘉靖七年府學

丁文銓訓導　駱居敬嘉靖八年　凌世華嘉靖九年府學

周詝嘉靖十年府學貢元　陶雲漢嘉靖十一年府學濵州同知菊之曾孫

張牧　劉本府學棣之弟　張檄嘉靖十二年府學

朱函訓導　田龍府學　呂金嘉靖十三年府學

周相　胡方禮嘉靖十四年　王舜章嘉靖十五年府學

任大章嘉靖十六年教授大賓　沈芳嘉靖十七年府學

金梓府學　陶陽鳳嘉靖十八年府學政和訓導雲漢之兄

沈渾嘉靖十九年　王言　張津嘉靖二十年府學

孫瑛嘉靖二十一年　朱安道嘉靖二十二年　汪賓嘉靖二十三年府學

徐夢熊 教諭 薛立 嘉靖二十四年府學 祁鋼

沈安仁 嘉靖二十五年府學 徐恩 嘉靖二十六年府學衛籍

王景明 劉世積 嘉靖二十七年府學

徐夢麒 嘉靖二十八年府學 馬文顯 嘉靖二十九年府學

周景恤 錢景春 嘉靖三十一年 王艮知 嘉靖三十二年府學

朱安邦 嘉靖三十三年府學 韓宗 駱雷 嘉靖三十四年府學

周大庠 嘉靖三十五年府學 滕謙 胡鼎 嘉靖三十七年

王舜明 嘉靖三十九年 金燧 嘉靖四十一年 周文燿 嘉靖四十三年

王岷山 隆慶元年府學 郁文 言之兄 李尚賓 隆慶二年府學訓導

朱應 賡之兄貢元　朱緝 隆慶三年府學　倪來鵬 縣丞

章湘 隆慶四年府學　陳欽　王浤 訓導

劉柟 隆慶五年府學　史鵠　祝延年 萬曆元年府學

潘思化 訓導　王鑾 萬曆二年府學　宋林 知縣

劉煬 萬曆三年府學　周之德　夏文祖

周允　劉至　史明良

夏欑萬曆四十四年州判　許承祖萬曆四十六年知縣　俞光明萬曆四十七年

包楩泰昌元年恩貢時恩賜七品服臨江府經歷文行素履服官廉謹有聲

錢大用天啟元年知縣　王賓　諸希夔寺丞

張鎡天啟二年　朱起元　王如現選貢

祁駿佳選貢　尹懋中天啟四年知縣　胡叔昌天啟六年知縣

錢士龍崇禎元年　鄭至和崇禎三年　茅台鼎崇禎五年

陶萬象崇禎七年　祝艮弼崇禎九年　祁熊佳選貢後中會榜

王之臣崇禎十一年知縣　王萬祚崇禎十三年薦舉行取授四川道御史

王楫崇禎十二年副榜進貢知縣　胡若琦崇禎十三年

張煜芳崇禎十三年賜進士授刑部主事　周懋文同知

季璜本之孫積分拔貢授同知　繆伯俊崇禎十五年

繆伯景府貢　陳九徵監貢任內閣中書　王承祈順天副榜知縣死節

徐日知崇禎十七年　史周遇國學積分貢知府

張陞國學積分恩貢推官　王元基府貢　王文明順治三年訓導

吳執中御史　王三謙恩貢　余恒順治四年監貢知縣

吳王朱順治五年監貢　曹九霄府貢　潘潤選貢知府

李宗 順治五年單封内秘書院編修

傅臚 恩貢通判

吳元璲 順治七年府貢

朱用礪 内閣中書同知

秦長春 順治八年恩貢輝縣知縣有惠政

孫鑛 教官

錢其恂 順治九年府監貢

王贍謨 監貢州判

錢以禎 府拔貢知縣

金弘祐 順治十年訓導

周襄緒 順治十一年恩貢禮部郎中

鍾國斗 順治十一年府貢知縣

俞光被 順治十二年訓導

何嘉祐 恩貢主事

朱禹錫 順治十二年府恩貢吏部

宋希賢 順治十四年府貢

陳錫琮

王光翰 順治十六年府貢

趙以昌順治十七年府貢　繆世梁順治十八年府貢
王業法恩貢　周大受康熙元年府貢　徐斗芳康熙元年
劉世祀康熙三年　錢景新康熙九年府貢　徐聯登康熙九年府貢
諸公亮康熙十年府貢　何艮棟康熙十一年　漏自奇府貢
沈麟趾康熙十三年　王業澄府學　余灑康熙十一年選貢
王邦濟康熙十五年府貢　金振甲康熙十五年府恩貢　王芬先康熙十五年恩貢
童文斗康熙十五年歲貢　金聲夏康熙十七年恩貢　張慧才康熙十九年歲貢
呂鉅烈康熙二十一年府貢　吳琳康熙二十一年歲貢　王之佐康熙二十二年府貢

例貢特用

姚起鳳 通判　吳興都　虞敬道 知縣

虞相 州同　虞卿 州同　陳大經 吏部司務

劉明宗　姜琰 教諭　余泰徵 州同

薛昌 教諭　章尚策 通判　王嘉球 州同

王嘉琜 州同　盛振英 教諭　平遇 教諭

趙璉 知縣　金廷旻 知縣　陳有謙 瀘州州判

陳繩祖 通判　朱凛延 教諭　張錆 知縣

唐溶伯 同知　唐溶元　林日蔚

張　捷推官　劉宸世主事　劉治臣通判
王永俶訓導　王永佺學正　夏彧英知縣
夏泰杲訓導　夏泰果州同　何　旅纂修實錄通判
史　彬知縣　史　彩知縣　聞在上知縣
開士琦知縣　魏　起同知　徐永言知縣
金夢旦同知　何嘉禎同知　朱　培知縣
朱　均知縣　朱　玭知縣　朱之棟知州
王　基縣丞　王士瀚知縣　鍾芝豫知縣
趙　容左都督　趙　寧同知　王　紀知州

王瓚　王瑛知縣　王琦

胡賡颺教諭　唐炌訓導　金美

劉廷梓　王超文州同　金發祥州同

平津訓導　施堯佐運判　施敬教諭

張夢日州同　張文錦　王永俠知縣

趙完璧知縣　潘翊清蘄州知州　潘翊君叅領從軍恢復雲南

潘運昌叅領從軍恢復雲南　白肇嘉縣丞　邢錫禧州同

張存性通判　劉鴻知縣　秦銑知縣

秦世鼎　呂光祖　朱鼎新福建左布政使

山陰縣志卷第二十

選舉志二

舉人

（補）士歌鹿鳴而舉於鄉即成周所謂造士者也明制浙江中式額漸廣後至九十名而吾紹常十餘人或二十人盖五之一焉可不謂盛乎夫舉於鄉而貢於廷褎然士林之表典至重矣崇禎時浙額至百有七人

國朝初年仍其額間以恩加廣焉至庚子科額裁其

半

宋神宗熙寧二年

陸佃省元

徽宗大觀二年

傅崧卿省元

淳熙十六年

諸葛安節別院省元

元順宗至正元年

王禕省元有傳

至正六年

高本立　高復亭

明

洪武三年庚戌科洪武四年辛亥科

趙旅　楊子文　柳汝舟

喻文龍　陳思道

邵伯正

按洪武三年詔開科以今年八月爲始洪武四年

詔各行省連試三年自後三年一舉著爲定式

洪武十七年甲子科

魏思敬　鍾至道應天中式　王時敏

按洪武六年後罷進士之科者十有二載初立薦辟行之甚嚴毋舉者至京師上親較閱不稱旨輒坐舉主往往有謫戍者直至洪武十七年甲子始復開科

洪武二十年丁卯科

劉真

洪武二十三年庚午科

錢琪　馬文炯　李欽教諭

汪金剛奴　呂升　王景彰

滕善訓導　周卿祐　駱士廉

余丙

按是科所舉有以富戶充庫吏者亦見國初立賢無方之意

洪武二十九年丙子科　陳性善有傳

劉仕謗　呂尹旻　璩志道應天中式

永樂元年癸未科

錢常　毛肇宗　王彰

司馬符　周玉　王肇慶

按是科當以壬午鄉試值成祖登極之始未暇舉行故以癸未鄉試而以甲申會試也通志分此一榜作壬午癸未兩科謬矣又查增廣生中式自是科始而張傑以餘姚典史登科亦奇事也

永樂三年乙酉科

高清　吳中　王賢

戴昱經歷　丘純　湯雲

杜文華

按儒士中式甫見於此後亦往往有之

永樂六年戊子科

陶菊　儀官縣學教諭宣德中應召修中秘書中途聞母疾即請致仕所著有菊庵詩文集

王善慶

永樂九年辛卯科

金鏞　秦初　周安

永樂十二年甲午科

王暹　王佑　徐信

賀源訓導

按是科榜內吳縣典史馬馴意必浙人而仕于吳
者又查是科有監生中式今則寥寥矣

永樂十五年丁酉科

韓陽布政使有傳　方璵教授　朱純有傳

按是科次年會試五魁有兩書經實六魁云而第
五第六並儒士亦奇事也

永樂十八年庚子科

陳政　曹南　葛名

毛寧

永樂二十一年癸卯科

虞振 教諭　呂公愿 國子助教　邪傑 教諭

龔全安 蘭谿籍有傳

宣德元年丙午科

陸綸　馮獻 提學僉事

宣德四年己酉科

梁機

宣德七年壬子科

胡淵

宣德十年乙卯科

裘康訓導　秦瓛　趙魯應天中式國子典籍

正統六年辛酉科

盛儒經魁　謝傑訓導　吳駰州學正

沈日祺訓導

正統九年甲子科

張倬知縣有傳　何璧　周鈍

司馬恂國子祭酒有傳　高潤蓋州衛籍

正統十二年丁卯科

唐彬

景泰元年庚午科

吳顥刑部郎中　司馬軫國子助教　楊德

張傑　王昇　卜巽

王昉　錢仲巘　戴讓教諭

陳定初授袁州學訓遷分宜教諭教士多材修袁郡志有體裁歷典各籓鄉試號稱得人三子邦直邦榮邦弼並舉科甲人稱以爲義方之勸

景泰四年癸酉科

張以弘　徐瓚教諭　金澤

高秩　賀微 應天中式　王淵 應天中式

景泰七年丙子科

錢淳 同知　王緬 知縣　楊芸

戴謜 讓之弟 知縣　周芳 知縣　丘弘

俞謐 教諭　陳壯 順天中式

天順三年己卯科

姚恪 知縣　薛綱　錢諤

鄭璇 訓導　汪鎡　駱巽 教諭

滕胥 應天中式

天順六年壬午科

孫能教諭　馬達訓導　袁晟

楊昱　司馬垚侚之子郎中　徐綬應天中式通判

蕭昱經魁知縣有傳

成化元年乙酉科

魯誠　凌玉璣　沈倫

呂銑　陳倫

成化四年戊子科

陳哲　俞玹知縣　孫嶶同知

堵昇順天中式　俞瑛應天中式

成化七年辛卯科

司馬垔軫之子　王鑑之　陳穀　沈振

張以蒙以弘弟知縣　凌宋　彭融知縣

成化十年甲午科

周廷瑞　虞煥知縣　王臚

白瑾　王佐　祝玠知縣

成化十三年丁酉科

劉湜經魁知縣　陳邦直定之子同知　王宗積知縣居官廉惠

陳邦榮定之子　林華知縣　祁司員福之子　金瑞知縣

成化十六年庚子科

傅瓚　鄭如意　諸敞長史　祝瀚經魁

丘彩訓導　徐鎰　張景明　費愚

林舜臣華之弟教諭　章頎應天中式同知

成化十九年癸卯科

祁仁　徐一夔　張景琦以弘子　劉濟順天中式

成化二十二年丙午科

陳邦彌定之子　胡儀　沈瀾

俞頫　張玗都察院司務　吳薢

王經　周時中順天中式同知

弘治二年己酉科

徐璁　金諡知縣　何詔

吳便　楊清長史　沈俅知縣

朱導知縣有傳　宋溥知縣

弘治五年壬子科

高臺　朱憲同知　司馬公銓訓導　吳昊

田惟立知州　徐晃運同　汪獲麟順天中式

弘治八年乙卯科

周禎　沈欽　徐黼州同

劉瀚通判

弘治十一年戊午科

周礽禎之弟　高文㶝知縣　高壇

劉棟子華從孫　朱秩知縣　張鴻

張景暘景明弟

弘治十四年辛酉科

毛鳳紹興衛籍　龐龍紹興衛籍通判　魏杲通判

陶天祐　通判

弘治十七年甲子科

蕭鳴鳳　昱之子　解元　言震　經魁　同知　郁采

周晟　傅南喬　胡文靜

姚譸　胡克忠　姚鵬

馬錄　河南中式

正德二年丁卯科

張直　倬之孫　解元　同知　蔡宗兗　朱節

王袍　王師程　王軾

毛嵩

正德五年庚午科

李萱紹興衛籍　錢滔知縣　沈灃欽之子

陳禹卿邦直子同知

正德八年癸酉科

朱篪　鄭蒙吉　陳廷華推官

周大經　毛一言紹興衛籍　姚世儒

張思聰應符之孫　何鰲詔之子　沈馴瀾之子知縣

正德十一年丙子科

朱簠篪之兄　汪應軫鎡之孫　周文燭

徐俊民　周祚礽之弟順天經魁　周沐順天中式

鄭騶

正德十四年己卯科

周文燁文燭兄經魁　錢一溥通判　吳彥使之子

田麟　陳倈通判　王畿經之子

朱簽刑部郎中　張雲瀚順天中式　陳璟應天中式

嘉靖元年壬午科

潘壯　張天衢同知　張元冲景琦子

周禪 祚之弟順天中式

嘉靖四年乙酉科

錢楩 解元　茅宰　胡義方 同知

包珊 錦衣衛籍順天中式　張洽　陳彷

陳藥 終吉府長史輔導二十餘年王甚賢之居鄉長厚有古風卒年九十

陳修　金椿

嘉靖七年戊子科

徐轂 知縣　周宗文　徐緯

王元春　金志 謐之子　沈夢鯉 芳之子

徐緝　魏夢賢　虞价同知

嘉靖十年辛卯科

高謦同知　周浩初之子　朱公節知州有傳

蔣懷德會魁　駱居敬應天中式終推官爲人端厚里中稱長者卒年九十

沈學

嘉靖十三年甲午科

張輻　諸祖知縣　陳鵠紹興衛籍

王治通判　劉集推官

嘉靖十六年丁酉科

劉檟經魁棟之從弟　王國禎　沈大本

李誥　虞俊治中　王守文順天中式

張牧河南中式

嘉靖十九年庚子科

祁清司員之孫　俞咨益　趙理

胡方來順天中式同知　張椿山東中式

嘉靖二十二年癸卯科

諸大綬　俞意　周校

周景會順天中式知縣　徐甫宰順天中式有傳　朱安道順天中式

張天復 天衢弟　宋楷　張檄 山東中式

嘉靖二十五年丙午科

高鶴　陶秀 終通判，家居孝友，簡樸，人無閒言

李應元　羅椿　吳俊

高克謙

嘉靖二十八年己酉科

王大學　王元敬 元春之弟　繆思莘 通判

嘉靖三十一年壬子科

錢文昇　趙圭　張鰲化 紹興衛籍

沈寅大木姪順天中式

嘉靖三十四年乙卯科

祝繼志　王爕　郁言

錢椿盈同知　趙夢鳳應天中式　蔡天中宗堯之子改名成中

呂鳴珂麗水籍順天中式

嘉靖三十七年戊午科

祝敎　朱南雍　張元忭天復之子

沈梭知縣　俞子良順天中式知縣有傳

吳兌蕣之孫順天中式

嘉靖四十年辛酉科

周明衛通判　宋景星　陸夢斗通判

朱賡公節子　宋艮木知縣　張一坤元沖子

徐思明順天中式　胡邦奇

嘉靖四十三年甲子科

朱梯推官　徐應箕禮部司務　朱南英南雍弟

趙完順天中式知州　張博洽之子順天中式　何繼高詔之孫順天中式

隆慶元年丁卯科

楊萬春杭州籍知縣　孫艮學　傅國才

劉國彥　王泮順天中式　胡尚禮順天中式知州

劉烶棟之姪順天中式知州　茹霆順天中式

祁汝東靖之子應天中式同知　黃猷吉山東中式

王照順天中式知縣

隆慶四年庚午科

黃齊賢　陳大賢　諸葛一鳴

董子行　周應中順天中式　趙堂順天中式

趙楫順天中式　馬堤　陳縉

施倖

萬曆元年癸酉科

馮應鳳　祝彥　姚炅

諸葛初　趙璧　陳烇

朱應順天中式　張元慶天衢之子順天中式

郁文言之兄順天中式　張弘吉應天中式

萬曆四年丙子科

馮景隆　朱坤　魯錦

孫如法順天中式

萬曆七年己卯科

王應吉畿之子順天中式　陳學明杭州籍

萬曆十年壬午科

劉作烶之子　柳宗栻文之孫　胡大臣

金鰲　陳堯言　陳鵠

周允順天中式

萬曆十三年乙酉科

陳美　朱燮元篪之曾孫　施栻知縣

陳國紀　周洪訓　尹三聘

王邦彥鎰之曾孫順天經魁　周職遷順天中式龍門籍

王建中 應天中式　徐良輔 順天中式　劉教

萬曆十六年戊子科

王調元　吳中璜 知縣

萬曆十九年辛卯科

祁承爜　陳一勸　周洪謨

夏汝　朱敬循 賡之子順天中式

王循學 應天中式　繆伯昇 周海門高弟著經書大意知惠安縣有廉名

萬曆二十二年甲午科

朱瑞鳳　金應鳳　朱鶴齡

梁應期　王恩任順天中式　陸夢祖順天中式

陳淙順天中式　張汝霖元忭之子應天中式

萬曆二十五年丁酉科

陳璘　董紹舒普安籍　沈縮應天中式知縣

陳汝元順天中式前任陝西清澗縣有三奇十異之政後任延綏同知母老請告終養加銜運同

萬曆二十八年庚子科

劉永基　彭若昌　高金體

蔣應偉　祁承㸁順天中式　謝堯壽順天中式

萬曆三十一年癸卯科
陸夢龍　陳殷　裘允中
周洪才順天中式　王開陽　王加祁應天中式
張汝懋元忭之子應天中式
萬曆三十七年巳酉科
王業浩　謝宗份　陳異言
丁承乾
萬曆四十年壬子科
王仕正　傅應鳳知縣　孫杰錢塘籍

邢大忠　吏部至布政使　王汝受　順天中式　王毓仁　順天中式

許邦治　應天中式　高金緘　臨安籍　孫如洵　順天中式

萬曆四十三年乙卯科

胡叔煬　推官　吳之芳　順天中式　朱兆栢　黃憲冲　知縣

吳士傑　順天中式教諭　劉暹　順天中式　祝嵩齡　順天中式

傅夢龔　應天中式　吳從魯　山東中式　祁上合　臨安籍雲南中式

[illegible]杰　石阡籍貴州中式　李安世　經魁　張應爵　知縣

萬曆四十六年戊午科　張明昌

祁彪佳　承㸌之子　孫文奎　丁乾學　順天中式

天啟元年辛酉科

周懋穀　朱稷　史起夔教諭

徐湯英　王忠陛順天中式　孫范錢塘籍順天中式知縣

全天德錢塘籍順天中式知府　白其昌順天中式

趙國柱應天中式　陳南煋山東中式　張焜芳應天中式

天啟四年甲子科

錢受益　楊璘　周凌雲

宋運昌仁和籍　余增雍　周鳳翔順天中式

劉世科順天中式　唐九經順天中式

天啟七年丁卯科

祁豸佳 善書畫名公鉅卿俱折節求之　余增遠

朱紱　朱錫元 順天中式　張大烈 錢塘籍推官

鄭體元 容雲籍　王谷 大興籍順天中式　茹鰲 知縣

崇禎三年庚午科

繆伯曇　姚明時　張奚

李盛世　何弘仁 順天中式　錢良翰 順天中式

葉汝桓　俞世灝　錢克讓

繆沅

崇禎六年癸酉科

張光球　朱光熙　王紹美

朱子覲　張寄瀛　王佐改名雨謙

沈燧晁　朱兆宸　王含鑑改名三俊

龔光耀知縣　董期生知府

崇禎九年丙子科

陳有隆　田嘉生　曾臬

祁熊佳　俞邁生　王三元順天中式廣西布政

孫之龍　茹鳴盛

崇禎十二年己卯科

鍾國義　金廷詔

吳邦臣　劉明孝　吳從義

胡應瑞知縣　張仲義本姓繆順天中式

崇禎十五年壬午科　何天寵順天中式

王觀瀛　陳巖言應天中式　黃奎齡順天中式　姜圖南順天中式

何天挺順天中式　葉雷生知縣　姜希轍順天中式

大清順治二年乙酉科

葉獻章順天中式主事　王士驥順天中式　胡兆龍順天中式

徐化龍 順天中式　章雲鷺 順天中式

順治三年丙戌科

龔勳　葉茂桂 順天中式　張期振

王之鼎 順天中式　胡昇猷 順天中式經魁　茹鄂侯 鰲之子順天中式

順治五年戊子科

王慶章 經魁　周沛生　胡鶴翥 敬辰之子工部主事

茹鉉　張舜舉 順天中式　周禮 順天中式

陳南耿 山東中式　繆徵尹　黃中璜 順天中式知縣

順治八年辛卯科

陳必成順天中式　俞玄植順天中式　胡公著順天中式

陳可畏順天中式　胡心尹順天中式　陳繼美順天中式

沈基改名尚仁順天中式

順治十一年甲午科

田麒生　姚夔　何曾桌湖廣中式

沈從龍　李平　黄道月

金葭　董艮櫝　柴應辰順天中式

胡兆麟順天中式　沈堃改名仁敷順天中式　孫才發順天中式

孫礽順天中式

順治十四年丁酉科

陳景仁　李元坤　滕達

傅應驥教諭　黃徹哲順天中式　吳璜順天中式

胡兆鳳順天中式　繆邦寧順天中式

順治十七年庚子科

吳復一　傅爾申　陳昌言

胡鑛順天中式　胡懋宣順天中式

康熙二年癸卯科

祝弘坊彥之曾孫經魁　金燾經魁　王燦業法之子

丁際治 順天中式

康熙五年丙午科

孫宣化　朱阜　沈徹范 順天中式

何鼎 湖廣中式　柴應速 順天中式

康熙八年己酉科

呂廷雲 分籍新昌　徐琦　王永芳 本姓葉

魯烱先 臬之子早卒　周盛雅 懋穀孫　余應霖 順天中式

王觀政 順天中式　俞麟翔　陳柿祚 貴州中式中書

康熙十一年壬子科

余　灃順天中式　秦宗游　王士錦奉天中式

康熙十四年乙卯科

徐　沐

康熙十六年丁巳科

余泰來　沈五鳳　朱之楷

王之翰　董　玉元儒之子　史紹曾

鈕聲琦　姜希輅天樞之子　姚夢龍允致之子

康熙十七年戊午科

姜承焬　戴　超

康熙二十年辛酉科

姚弘仁　沈士鏐　沈五粲

姜承烈順天中式　胡昇輔順天中式　甯林釆廣西中式

鈕景琦

康熙二十三年甲子科

平士楨

康熙二十六年丁卯科

李瀛　茅伯良　何其奮順天

張燧順天

康熙二十九年庚午科

王國泰　商和　田軒來

康熙三十二年癸酉科

張孝友　趙美玉順天

康熙三十五年丙子科

周天任　傅玉雯　李發枝

孫紹曾廣西

康熙三十八年己卯科

王芝　王文燦　陳弘訓

錢溥　茅子贄
康熙四十一年壬午科
金宗瀛　陳流　周之士順天
章伸順天　王啓源
康熙四十四年乙酉科
王霖　賀鐸　吳振鎬
胡國楷　劉文燧　朱大節順天
張世文順天　高暉
康熙四十七年戊子科

沈廷鶴　龔祖翼　陳學艮

余懋杞順天　毛繩祖順天　胡志頴順天

李登瀛順天　李嗣美順天

康熙五十年辛卯科

金以成　呂大抱　田嘉登

劉浩基　王洙學　沈思世

潘翰順天　沈一鶴順天　李兆瓏順天 復姓金

康熙五十二年癸巳特科

傅讓　李求齡　沈渭

康熙五十三年甲午科

劉掞　王雲　陳廷棟

錢士虢　司馬濤順天改

康熙五十六年丁酉科

俞名言　何起貴　張肇新順天改

王德麟順天改　馮淳順天改　胡世源順天改

康熙五十九年庚子科

沈元球　朱之津順天改

雍正元年癸卯特科

朱之棫　陳士熙　周仙芝

錢永淳　金名世順天　羅廷儀順天

雍正二年補癸卯正科

董思慶　淩燮　王汝霖

王溥　孟濤　金龍敍

山陰縣志卷第二十一

選舉志三

進士

進士之科最重自唐宋以來皆然吾越登是科者亦最盛其姓氏具在賢不肖可指而數也嗟乎士以入是選爲榮而或藉爵位以恣睢貽詬詈於無極辱亦甚焉可不懼哉

〔補〕明最重進士科有寧爲進士鬼之謡至

國朝則科貢雜途依年限截留亦有並選者矣意積

重之後故稍變通歟宋明以來吾鄉起家進士彪炳宇内者代不乏人今亦鄭重是典然其人必有以自重而當世斯重之則軒輕豈專係于科名已耶

唐

孔敏行 贈工部尚書元和初

吳融 戶部尚書龍紀初

吳蛻 昭宗大順初

五代

吳程 蛻之子吳越國相

宋

大中祥符元年姚曄榜

杜衍 累官丞相太子少保有傳

大中祥符五年徐奭榜

傅營　陸軫

天禧三年王整榜

傅瑩

寶元元年呂溱榜

褚珵

慶曆六年賈黯榜

梁佐

嘉祐二年章衡榜

褚理珵之弟　傅傅正　王淵　唐敦

嘉祐六年王俊民榜

褚珪

嘉祐八年許將榜

褚唐輔

熙寧三年葉祖洽榜

陸佃 軫之孫 有傳　陳銑

熙寧六年余中榜

王咨 淵之子　陸傳

元豐八年焦蹈榜

丁希說　傅勉　梁璡

元祐三年李常寧榜

李宗輿

元祐六年馬涓榜

陳兟　旒之兄　唐翊　彀之子　有傳

紹聖四年何昌言榜

陳揚庭　徽宗賜名過庭官至中書侍郎

崇寧二年霍端友榜

唐竦　彀之子

大觀三年賈安宅榜

褚唐舉 理之子

政和五年何㮚榜

傅崧卿 有傳　杜師文　陸長民

政和八年王嘉榜

諸葛行敏

宣和三年何涣榜

徐顯　梁仲敏 邁之子諫議大夫有傳

宣和四年賜同進士出身

傅墨卿有傳

宣和六年沈晦榜

諸葛行言行敏弟

建炎二年李易榜

唐閎穀之孫　梁仲寬遘之子

紹興二年張九成榜

葉蕃　杜師旦

紹興五年汪應辰榜

王俊彥

紹興十二年陳誠之榜

唐閱有傳

紹興十五年劉章榜

傅晞儉　張之綱　粱仲廣遘之子

紹興十八年王佐榜

王佐俊彥子狀元有傳　張頡

陸升之長民子　陸光之長民子　沈壽康

紹興二十一年趙逵榜

唐準翊之子

紹興二十四年張孝祥榜

王公袞俊彥之子

紹興三十二年賜進士出身

陸游佃之孫有傳

隆興元年木待問榜

俞亨宗有傳　莫叔光有傳

乾道二年蕭國梁榜

張澤兵部尚書　傅頤　杜弼

乾道五年鄭僑榜

陸洙 游之弟

淳熙五年姚穎榜

唐濉 準之弟

淳熙八年黄由榜

諸葛千能 行纘之姪　陸子愚 長民之孫　梁汝明

宋駒

淳熙十一年衛涇榜

陸洋　陶定俊

紹熙元年余復榜

諸葛安節行敏姪省元　莫子緯叔光之子

嘉泰元年鄒應龍榜

莫子純叔光之姪狀元以有官充第二人

慶元五年曾從龍榜

傅誠墨卿玄孫

開禧元年毛自知榜

梁簡仲寛孫

嘉定元年鄭自誠榜

諸葛興行敏之姪

嘉定四年趙建大榜

唐繼　翊曾孫

嘉定十年吳潛榜

陸若川　升之孫　丁燁　希說曾孫　丁燧　燁之弟

尹煥　閻璋　鄭大中

楊權

嘉定十三年劉渭榜

諸葛十朋　行斂曾孫

嘉定十六年蔣重珍榜

王建封
紹定五年徐元杰榜
陶夢桂　陸𥡴 佃五世孫改名景思
寶祐元年姚勉榜
陸逵　陸勉
景定三年方山京榜
徐天祐 有傳
咸淳七年張鎮榜
杜淑　鍾離常

元

延祐二年張起巖榜

張宏道太平府經歷

延祐五年霍賢榜

郤貞

太定元年張益榜

傅堅

陶澤

太定四年李黼榜

趙宜浩

至正十五年

趙俶 有傳

明

洪武四年辛亥吳伯宗榜

趙旅 主事　楊子文 縣丞　柳汝舟 縣丞

喻文龍

洪武十八年乙丑丁顯榜

王時敏 經魁　鍾志道 御史　陳思道 禮部侍郎

洪武二十七年甲戌張信榜

駱士廉 知縣有傳 李仲 國子監助教

洪武三十年丁丑陳䢿榜

劉仕諤 探花編修被誅 呂尹旻 陳性善 吏部侍郎有傳

永樂二年甲申曾棨榜

毛肇宗 郎中有傳 錢常 周玉

永樂四年丙戌林環榜

吳中 叅政有傳

永樂十三年乙未陳循榜

徐信 長史 王佑 工部侍郎 周安 庶吉士遷工部侍郎

永樂十六年戊戌李騏榜
秦初主事有傳　王暹庶吉士改御史有傳
永樂十九年辛丑曾鶴齡榜
曹南御史
永樂二十二年甲辰邢寬榜
龔全安有傳
正統元年丙辰周旋榜
秦瑛檢討
正統十年乙丑商輅榜

高閏 郎中

景泰五年甲戌孫賢榜

吳顥 郎中　唐彬 布政有傳　金澤 御史

天順元年丁丑黎淳榜

王淵 有傳

天順四年庚辰王一夔榜

滕霄 御史　婁芳 御史

天順八年甲申彭教榜

汪鎡 庶吉士改郎中有傳　陳壯 按察副使有傳　薛綱 布政有傳

袁晟　御史

成化五年己丑張昇榜

張以弘　參議　有傳

成化八年壬辰吳寬榜

陳哲　知府　　司馬堊　按察副使　有傳

成化十一年乙未謝遷榜

魯誠　郎中　　堵昇　參議　　凌宋　御史

陳轂　御史　　沈振　知縣

成化十四年戊戌曾彥榜

白瑾知縣　王鑑之刑部尚書有傳　祁司員知府有傳

成化十七年辛丑王華榜

陳邦榮不就廷試而歸

成化二十年甲辰李旻榜

祁仁主事

成化二十三年丁未費宏榜

陳邦弼　祝瀚知府有傳　張景琦知府

弘治三年庚戌錢福榜

胡儀　張景明長史贈太子少保禮部尚書兼大學士謚恭禱有傳

王經 副使

弘治六年癸丑毛澄榜

汪獲麟　吳彝 庶吉士改給事中有傳　李璡

高臺 郎中

弘治九年丙辰朱希周榜

何詔 累官工部尚書清慎簡厚有傳　費愚 知府以忤當道謫戍隨放還平生嚴介甔石不儲

弘治十二年己未倫文敘榜

張景暘 御史改知府

弘治十五年壬戌康海榜

吳便 副使　周楨 檢討　沈欽 僉事

高壇 知府

正德三年戊辰吕柟榜　姚鵬 副使有傳

胡克忠 知縣　周初 郎中　胡文靜 光祿寺少卿有傳

毛鳳　馬錄　郁采 知州贈光祿寺少卿有傳

正德六年辛未楊慎榜

劉棟 兵部侍郎致仕有傳

正德九年甲戌唐皐榜

朱節御史贈光祿寺少卿　王袍知府　姚世儒知府

蕭鳴鳳提學副使有傳　張思聰叅政

王軾知縣

正德十二年丁丑舒芬榜

汪應軫有傳　傅南喬同知

蔡宗兗歷官提學僉事終其身若介獨立

何鰲刑部尚書

正德十六年辛巳楊惟聰榜

周祚給事中有傳　鄭𩣡　徐俊民僉事

周文燁郎中　田麟知府

嘉靖二年癸未姚淶榜

潘壯御史有傳　沈澧御史　吳彥僉事

嘉靖五年丙戌龔用卿榜

周文燭祭酒　錢楩郎中有傳　金椿知府

毛一言僉事　周襗都御史　朱籃副使

朱箎御史　包珊行人

嘉靖八年己丑羅洪先榜

茅宰主事有傳

嘉靖十一年壬辰林大欽榜

王畿郎中有傳　陳修副使

嘉靖十四年乙未韓應龍榜

周浩苑馬卿　張輯副使　徐維叅議

沈夢鯉郎中

嘉靖十七年戊戌茅瓚榜

蔣懷德叅政　張元冲都御史　王國禎左布政

金志副使　徐緯僉事　魏夢賢郎中

嘉靖二十年辛丑沈坤榜

張洽御史　張牧郎中

嘉靖二十三年甲辰秦鳴雷榜

劉櫝棟從弟副使有傳

嘉靖二十六年丁未李春芳榜

羅椿知府　祁淸知府　張天復太僕卿有傳

吳俊郎中

嘉靖二十九年庚戌唐汝楫榜

王元春參政　高鶴給事中　趙理僉事

嘉靖三十二年癸丑陳謹榜

俞慮主事有傳　趙圭員外　孫大學復姓王

嘉靖三十五年丙辰諸大綬榜

諸大綬狀元有傳　祝繼志僉事卒于官　沈寅按察使

嘉靖三十八年己未丁士美榜

王元敬侍郎有傳　吳兑官保尚書有傳　俞咨益御史有傳

郁言知縣　吕鳴珂按察使

嘉靖四十一年壬戌申時行榜

王𤍞知府

嘉靖四十四年乙丑范應期榜

胡邦奇 吏部選司典試湖廣因不中張居正之子外轉按察司後以剛介起贛州巡撫不赴

祝教 禮部郎中　張博 長史　高克謙 僉事有傳

隆慶二年戊辰羅萬化榜

朱南雍 太僕卿初居垣中風紀侃直字畫俱傳世　朱賡 大學士有傳

黄猷吉 僉事善書大字

隆慶五年辛未張元忭榜

張元忭 天復之子狀元有傳　趙楫 參議　周應中 御史

萬曆二年甲戌孫繼皇榜

朱應 主事　王泮 布政有傳　張一坤 布政

萬曆五年丁丑沈懋學榜

朱南英南雍弟　郁文郎中　趙夢日知縣

馮景隆給事中　魯錦

萬曆八年庚辰張懋修榜

黃齊賢　馮應鳳太僕少卿有傳　徐桓

萬曆十一年癸未朱國祚榜

何繼高參政　孫如法光祿寺少卿有傳

萬曆十七年己丑焦竑榜

陳鶴廣東副使爲官清正有惠澤及民卒于官署無私積粤人二祠祀之

陳燧 四川道 劉毅 左布政有傳

萬曆二十年壬辰翁正春榜

朱燮元 兵部尚書有傳 陳美 參議 王應吉 朱敬循 通政

萬曆二十三年乙未朱之蕃榜

王思任 僉事有傳 朱瑞鳳 張汝霖 元忭之子提學副使有傳

王循學 尹三聘 主事 黃化龍 知縣

萬曆二十六年戊戌趙秉忠榜

陸夢祖 少卿府尹 王莛中 知縣 董紹舒

金應鳳 方伯

萬曆三十二年甲辰楊守勤榜
章若昌主事　祁承㸁僉事
萬曆三十八年庚戌韓敬榜
陸夢龍參政有傳
萬曆四十一年癸丑周延儒榜
董懋中圯之孫尚寶司卿　孫如洵參政有傳　王業浩兵部尚書有傳
張汝懋元忭之子大理寺丞　孫杰工部尚書
萬曆四十四年丙辰錢士升榜
吳從魯主事　陳爾翼給事　劉永基有傳　周洪謨給事

萬曆四十七年己未莊際昌榜

丁乾學 有傳

天啟二年壬戌文震孟榜

祁彪佳 都御史 有傳　邢大忠 吏部主事　胡敬辰 參政

陳殷 少卿　王毓仁 知縣　王忠陛 主事　陳璘

天啟五年乙丑余煌榜

張明昌 知府　朱兆栢 少詹　錢受益 少詹

崇禎元年戊辰劉若宰榜

周鳳翔 左春坊 有傳　張焜芳 給事 有傳

宋運昌知縣　朱錫元川南道

崇禎四年辛未陳于泰榜

吳之芳庶吉士　史洪謨知縣　嚴起恒湖廣副使有傳

崇禎七年甲戌劉理順榜

沈燧晃中書　朱光熙知縣　錢艮翰主事

崇禎十年丁丑劉同升榜

何弘仁知縣有傳　唐九經知縣善臨池書法甚多有師予林帖行世

田嘉生知縣甲申後足跡不入城市貧而訓蒙有清風高節

繆沅吏部郎中　錢朝彥知縣

崇禎十三年庚辰魏藻德榜

吳邦臣 御史　祁熊佳 知縣　吳從義 知縣 有傳

劉明孝 知縣　王三俊 僉事　王紹美 推官

崇禎十六年癸未楊廷鑑榜

周繼芳 主事　俞壁 推官　余增遠 知縣 有傳

李安世 大性孝友初爲泗州學政登第後饒有清節

魯臬 庶吉士　王觀瀛 知縣　金廷韶 知縣

大清順治三年丙戌傅以漸榜

徐化龍 鹽法道　王士驥 庶吉士改御史　胡兆龍 禮部侍郎有傳

順治四年丁亥吕宫榜

胡昇猷 叅政　王之鼎 知縣　章雲鷺 庶吉士遷侍郎

丁同益 同知　陸華疆 知縣　陸嵩

順治六年己丑劉子壯榜

姜圖南 庶吉士改御史　王慶章 瓊州道有傳　張舜舉 知縣

順治九年壬辰鄒忠倚榜

陳可畏 御史　周沛生 知縣　錢受祺 庶吉士改副使

方希賢 推官　金鋐 布政使

順治十二年乙未史大成榜

陳必成 提學道　龔勳 知縣

順治十五年戊戌孫承恩榜

鍾國義 主事　董艮櫝 知縣　邵士 知縣

順治十六年己亥徐元文榜

陳景仁 翰林改吏禮二部郎中陞知府　李平 編修

順治十八年辛丑馬世俊榜

滕達 知縣　吳復一 考選推官

康熙三年甲辰嚴我斯榜

茹鉉 初任知縣　胡鑛 知縣　王燦 知縣

康熙六年丁未繆彤榜

沈胤笵中書刑部主事　胡懋宣中書著大學衍義補綜爲六官政要以文學稱早卒

孫宣化　朱嗣京　何天寵

康熙九年庚戌蔡啓僔榜

朱阜庶吉士　沈尚仁　祝弘坊

康熙十二年癸丑韓菼榜

呂廷雲知縣　朱尚隆內閣中書　余應霖內閣中書

康熙十五年丙辰彭定求榜

胡忠正

康熙十八年己未歸允肅榜

秦宗游翰林院編修

康熙二十一年壬戌蔡升元榜

余泰來翰林院庶吉士 金然翰林院庶吉士

康熙二十四年陸肯堂榜

沈五槼 諸來晟

康熙二十七年沈廷文榜

戴趈

康熙三十年戴有祺榜

姜承爟　田軒來　姚弘仁

康熙三十三年胡任輿榜

陳允棻　李瀛

康熙三十六年李蟠榜

李發枝

康熙三十九年汪繹榜

張燧

康熙四十五年王雲錦榜

傅王雯　劉文燧　趙弓信

康熙四十八年趙熊詔榜

周天任

康熙五十一年王世琛榜

吴振鎬　張世文　李登瀛

高曜

康熙五十二年王敬銘榜

陳沆　茹昌鼎

康熙五十四年徐陶璋榜

陳弘訓

康熙五十七年汪應銓榜
金以成　潘翰　傅王霅
陳聚倫
康熙六十年鄧鍾岳榜
胡國楷
雍正元年特科于振榜
劉浩基　羅廷儀
雍正二年甲辰科

山陰縣志卷第二十二

選舉志四

制科　特用　武鄉舉　武進士

補唐宋以來詩賦經義取士不一矣又有所謂制科焉若博學宏詞賢良方正才識兼茂之類凡以蒐遺逸羅俊傑也明制既策進士而復選拔常

國朝因焉儻亦制科之遺意乎夫科目豈足以盡士士固有挾持非常而困於一第者矣往代之制科似未可廢也

制科

唐孔若思 高宗時中明經科累官給事中有傳　孔季詡 中宗嗣聖中秘書郎

後唐吳程 累官吳越相國有傳

宋莫叔光 孝宗乾道五年中博學宏詞科終秘書監有傳

元徐中 諸暨州學錄　張福 太守遠猷孫洪武初死于兵難

明高師頤　高遠　高尚碣 俱宣德年

特用

張尚 都御史　祖重光 本姓王巡撫　潘朝選 御史

王熺 總兵　士貽標 知府　謝祖儉 驛傳道

張燦芳同知　孫揚知府　胡沛然參政
洪其清知府　王汝賢知府　張陛內院撰文中書改授推官
張維堅知府　潘烱知府　朱懋文運同
嚴翼聖通判　朱正色知縣　吳興祚行人
龔澍副將　胡之祐知縣　劉孔學通判
吳興宗知府　朱濠提舉　朱定坤江寧協鎮副總兵

武鄉舉

文武兼舉治不忘危意也明制大司馬會武於秋
而鄉闈校武亦於文事之竣以冬十月行之武舉

亦甚愼也然必登會榜始免鄉比不則無與生儒之科舉迄明世宗俞許獻忠等所請令三膺是選者徑赴會試至

國朝制乃不同登鄉榜者亦授職焉

明前代無攷自嘉靖初始

嘉靖乙酉科

徐定千戶　彭應時

嘉靖辛卯科

胡鎮指揮同知

嘉靖甲午科

胡鎮再中式　王直

嘉靖丁酉科

胡鎮三中式　成勳指揮僉事陞守備　李瓛指揮僉事

張元直有膽勇精騎射試武後遇例入太學嘉靖辛酉倭賊登犯明州元直奉海憲檄督兵追勦於蕺嶼湖陳地方遇敵親斬三級遂獲全勝撫按記其功授四川嘉定州判官

嘉靖癸卯科

胡鎮四中式　陳綵百户　陸瑞

張哲再中式　童恍　張輪

嘉靖丙午科

胡鎮五中式　陸瑞再中式　戴凌霄

葉司衡　張輪再中式　童恍再中式

嘉靖己酉科

黃榜指揮使陞坐營都司　胡鎮六中式　成大器指揮僉事歷陞叅將

張輪三中式　陳大綸百戶　葉司衡再中式

嘉靖壬子科

楊一經千戶歷陞叅將　張輪四中式　程權

孟文子　沈應宸

嘉靖乙卯科

楊一經再中式　吳京百戶歷陞叅將　王世臣

張訓　葉司衡三中式　吳緒

吳岐　吳育　胡崇吉

葉義　沈應辰再中式　王儆

嘉靖戊午科

楊一經三中式　董琦百戶　葉保衡

程法　王儆再中式　吳岐再中式

吳大章　吳大濟　賞俊　王化

嘉靖辛酉科

葉逢春　韓沛　葉持衡

吳紳緒之弟　孟文子再中式　張一鶴武魁改名虎臣

葉義再中式　吳晉　吳大章再中式

賞俊再中式　吳學直隸中式　吳大武直隸中式

嘉靖甲子科

白材　葉逢春武魁再中式　孫嵩

韓沛再中式　曹大普　葉持衡再中式

李銳　葉保衡再中式　程大業

吳紳再中式　韓梯　周子英
吳學再中式　吳養恒　沈應辰三中式
王章
隆慶丁卯科
陳上表繇之子　韓沛三中式　吳紳再中式
范朝恩百戸江西中式歷陞遊擊　葉忠保衡弟
傅欽　韓范沛之兄　韓梯再中式
吳一忠武魁　張虎臣再中式　吳晉再中式
吳顯忠　趙經邦　吳學三中式

吳憲文　周邦慶

隆慶庚午科

陳上策 緑之子百戶　徐九齡 定之孫千戶　張應奇 元直姪千戶

曹大晉 再中式　葉保衡 三中式　葉忠 再中式

羅綺　張應第 應奇弟　葉同春

程萬里　葉持衡 廣西中式　吳一忠 武元再中式

虞勝宗　吳晉 三中式　潘德風

吳憲文 江西中式　吳致忠 江西中式　吳進 江西中式

萬曆癸酉科

陳應斗孫之子　張應試　應奇之兄臨山領兵把總

傅國教　李天常　王有功

茅國器　張虎臣三中式　賞俊三中式

吳允中雲南中式

萬曆丙子科

黃岡榜之子指揮使　白材再中式　陳應斗再中式

張應奇武魁再中式　孫佐良　韓范再中式

韓文煥　孫嵩再中式　王有功再中式

董鉞　陳思勤　臧國光

茹秉忠　錢贊化　吳志忠湖廣中式

吳俊湖廣中式

萬曆己卯科

徐九齡再中式　陳士表再中式　劉巨安指揮僉事陞守備

王承祚百戶　于溥北京中式　劉熙

王有功三中式　李景隆　孫可教

葉有蔭逢春之子　張汀　孟良弼文子之子

金臺　李天常再中式　王有大

吳中起武魁　李桂　臧國光再中式

俞國輔　全盛時　王應斌福建中式歷吏部司

王拱辰江西中式　吳敎遼東中式

萬曆壬午科

王承祚再中式　解元紀直隸中式　方日新福建中式

陶明宰武魁　張應試再中式　李銳再中式

葉有蔭再中式　季桂再中式　趙一元

徐應兆

萬曆乙酉科

周于德衛鎮撫　張應奇三中式　曹復心

葉得春　陶明宰 再中式　孫中敎 再中式

韓輔國 范之子　李天常 直隸中式　任希旦 武魁

吳揚忠　臧國元 三中式　錢贊元 再中式

吳中起 直隸中式　吳國光 宣府中式　吳宗道 遼東中式

萬曆甲午科

傅崇義

萬曆丙午科

陳藩屏 抱忠之弟任京營副將　陳抱忠 任都司汝元之弟

萬曆己酉科

俞鎮遠　李國禎　吳泰亨

杜肇勳 都司四董漕運皆奏最勦海寇劉香老有功生平詩酒娛情所著有閒古齋集十種

陳長祚　張炳先　李廷琦

陶之紀　王威遠　茅應泰

天啓丁卯科　何國輔　天啓甲子科

丁寧國　王好賢　張城 解元

崇禎庚午科

朱兆霖 參將

崇禎丙子科

王震德　王貽杰　陳錫華

劉穆史可法奇其才歷任都督以節操終其身

崇禎壬午科

陳王謨　何貴仁

大清順治戊戌科

張國勳京衛　茹庸順天中式

順治戊子科

吳孟琦

順治丁酉科

葉逢時湖廣解元

順治庚子科

周燁

康熙癸卯科

高尚智　徐紀　徐天統

謝紉齋　周緒　董良傭

康熙己酉科

沈遵儼　李允寧　茹昌誥

姜壇　謝匡　何天爵

康熙十一年壬子科

范　琮　陳錦豸　郎天祚

康熙十四年乙卯科

陳其本　金　箴　何秉庸京衛籍

何天培京衛籍　姚廷棟京衛籍

康熙十七年戊午科

李　暹　韓紹琦　俞章言

周士達

康熙二十年辛酉科

馬忽顛遂遇害人皆壯其勇而悲其志云

隆慶戊辰科

吳顯忠歷陞參將　宣汝元福建都司

隆慶辛未科

韓沛三江所武生歷陞參將

萬曆甲戌科

吳允忠雲南都司歷陞參將

萬曆丁丑科

吳紳三江所武生歷陞參將　黃爾紹興衛指揮使歷陞參將

孫嵩三江所人授所鎮撫　吳學歷陞把總

萬曆丁未科

陳抱忠汝元弟都司

萬曆庚戌科

陳藩屏任京營副將抱忠弟

萬曆己未科

孫志學都司僉書

天啓壬戌科

傅崇義陜西都司　童朝儀號令侯崇禎年間[illegible]田有功官至後軍[illegible]

崇禎戊辰科

丁寧國守備

崇禎丁丑科　　癸未科

王貽杰　劉穆　童維超

大清順治己丑科

陳錫華　茹羆參將　盛其德參將

順治壬辰科

吳三才

順治乙未科

高允焯 陳則都 劉燧御前下
順治戊戌科
劉炎總兵 葉逢時 吳艮駿
康熙辛丑科
丁際治守備 董德政 張國勳 張培
康熙甲辰科
周緒 李標 董遲
康熙庚戌科
茹昌詰 姜壇 葉維新

選舉志四終

康熙癸丑科

郎天祚

康熙丙辰科

金　箴　　何天爵　　何天培

何秉庸

康熙己未科

周士達　　俞章言　　范　琮

康熙壬戌科

呂樽烈　　阮應泰　　姚廷棟

康熙二十七年戊辰科

潘漢　李暹

康熙三十年辛未科

錢士穀

康熙五十一年壬辰科

施嘉檝

康熙五十二年癸巳　萬壽科

黄澍祚

康熙五十七年戊戌科

姜旦 奉文改姓

雍正二年甲辰科

山陰縣志　卷二十二